春季高考复习指导丛书

财会金融

（上册）

春季高考丛书编写委员会　编

電子工業出版社
Publishing House of Electronics Industry
北京·BEIJING

内 容 简 介

该书是电子工业出版社出版的，适用于山东省春季高考考生高三第一轮复习，可引领莘莘学子们走向成功的彼岸。参编教材的老师都是常年工作在教学一线，多年辅导高考毕业班，有着丰富的教学经验。该书知识点完备、思路清晰；解题方法新颖、总结全面；与考纲完美结合，实用性极佳。本书的编写以最新考纲为依据，合理编排各个章节，集教材、教法、训练、模拟于一身，力争实现以最少的精力投入换取最好的成绩。

图书在版编目（CIP）数据

财会金融. 上册 / 春季高考丛书编写委员会编. 一北京：电子工业出版社，2015.9
（春季高考复习指导丛书）

ISBN 978-7-121-26699-7

Ⅰ. ①财… Ⅱ. ①春… Ⅲ. ①财务会计－中等专业学校－升学参考资料②金融学－中等专业学校－升学参考资料 Ⅳ. ①F234.4②F830

中国版本图书馆 CIP 数据核字（2015）第 164477 号

策划编辑：刘 佳
责任编辑：郝黎明
印　　刷：三河市华成印务有限公司
装　　订：三河市华成印务有限公司
出版发行：电子工业出版社
　　　　　北京市海淀区万寿路 173 信箱　邮编　100036
开　　本：787×1 092　1/16　印张：16.25　字数：416 千字
版　　次：2015 年 9 月第 1 版
印　　次：2016 年 8 月第 3 次印刷
定　　价：46.00 元

凡所购买电子工业出版社图书有缺损问题，请向购买书店调换。若书店售缺，请与本社发行部联系，联系及邮购电话：（010）88254888，88258888。

质量投诉请发邮件至 zlts@phei.com.cn，盗版侵权举报请发邮件至 dbqq@phei.com.cn。

本书咨询联系方式：（010）88254247。

编 委 会

主　编：李赫楠

副主编：刘　霞　张　凤　吕　青

参　编：李　荣　杨海荣

前 言

自 1999 年开始我省实行对口高职招生考试，到 2012 年改为春季高考，正式和夏季高考平起平坐。中等职业教育迎来良好的发展机遇，为中职生插上了可以腾飞的翅膀，让他们能够飞向理想的高校，实现自己的人生梦想。职业教育的春天来了，全省 50 多所本科院校敞开大门迎接中职生的到来，把我省的技能教育推向高潮。在春季高考的带动下，我省中等职业教育蓬勃发展，教学、教研工作进入了一个新的天地。

《鸿翼》是电子工业出版社为中职生飞向理想高校所插的腾飞之翼，它出版的山东省春季高考复习指导丛书可引领莘莘学子走向成功的彼岸。参编教材的老师都常年工作在教学一线，多年辅导高考毕业班，有着丰富的教学经验。该丛书知识点完备、思路清晰；解题方法新颖、总结全面；与考纲完美结合，实用性极佳。

《鸿翼·春季高考复习指导丛书·财会金融（上册）》以最新考纲为依据，合理编排各个章节，集教材、教法、训练、模拟于一身，力争实现以最少的精力投入换取最好的成绩。【考纲要求】是本章最新考纲的解读，它明确了我们的学习目标，为学习指引方向。【考纲分析】是作者根据近六年来高考动向对考题的解读，可帮助我们把握重点、难点、高考热点，合理安排学习时间，达到事半功倍的效果。【知识清单】是本节基础知识、基本方法、基本能力的浓缩，是知识的再现和归纳。我们把知识点和有关例题编排在一起，有利于教师上课时把理论知识具体化。【经典例题解析】是近六年考题的再现，可帮助同学们自我研究考题，把握学习方向和学习难度，也起到自我检测、高考体验的作用。【课堂练习】是把涉及本节知识的题型归纳出来，理清思路，建模拓展，便于同学们掌握基础知识、提升基本能力。

“一书在手，资料全有”，一本好书就是一位良师，它能帮助我们飞往成功的彼岸，指引我们实现人生的理想！

我们的编者精心设计、认真编写，可谓用心良苦，但由于时间仓促、任务量大，不尽人意之处在所难免。欢迎广大同仁批评指正，欢迎广大学子在使用过程中提出宝贵意见，并将此信息反馈到电子工业出版社（邮箱：liujia@phei.com.cn），以使本套丛书不断完善。同时，可登录电子工业出版社华信教育资源网（http://www.hxedu.com.cn/）下载其他相应资料及习题答案。

春季高考丛书编写委员会

目　录

基础会计

企业财务会计

基础会计

项目一

会计概述

考纲要求

1．理解会计的概念、会计的对象。

2．掌握会计的职能与特点。

3．掌握每一个会计要素的概念、特征及组成内容。

4．理解会计核算方法的内容及会计核算方法体系。

5．理解会计核算的内容与基本要求。

考纲分析

1．本项目考纲共有 5 个条款的要求，3 个需要理解的条款，2 个需要掌握的条款，可见此项目的重要性——整个课程的基础环节。

2．历年高考命题主要集中在“会计职能”“会计要素”“会计核算”这几个考点上。

3．在 2014 年春季高考中占据了 12 分，全部以选择题形式出现。

4．在 2015 年春季高考中占据了 4 分，全部以选择题形式出现。

模块一　会计的含义

知识清单

1．会计的概念。

会计是以_________为主要计量单位，以________为依据，运用专门的技术和方法，对一定主体的经济活动进行全面、综合、连续、系统的核算与监督，并向有关部门提供会计信息的一种____________。

知识点解析

会计概念的理解重点把握以下几点：

（1）会计的本质。

（2）会计的特点。

2．会计的职能。

知识点解析

会计的职能有很多，这里重点学习会计的基本职能。

（1）会计的核算职能。

会计的核算职能又称作________，是会计最基本的职能。

会计核算贯穿经济活动的全过程，主要有事前核算、事中核算、事后核算。

其中，事前核算的主要形式有________、________、________；事中核算的主要形式有________、________；事后核算的主要形式有________、________、________、________、________。

（2）会计的监督职能。

会计监督的核心：经济业务的合法性和________________。

会计监督的主要内容：

①________________________；

②________________________；

③________________________。

（3）核算职能和监督职能的关系。

核算是__________的基础，监督是核算的__________。

知识点解析

对会计职能的掌握中要重点注意：两大基本职能的内容或者形式，两大基本职能之间的关系重在理解。

3．会计的特点。

（1）会计以货币为主要计量单位。

会计计量尺度有________、__________、__________。

知识点解析

如何理解货币为主要计量尺度，并不是唯一计量尺度？

（2）会计具有完整性、连续性、系统性和综合性。

（3）会计核算以凭证为依据，严格遵守会计规范。

模块二　会计的对象及要素

1．会计对象。

（1）会计对象的含义。

①会计对象就是会计核算和监督的内容，是会计的客体。

②凡是特定主体能够用货币表现的经济活动都是会计核算和监督的内容。

（2）资金运动的过程。

①资金筹集。

②资金运用（资金周转）：资金周转的三个过程：________、__________、________。

资金周转的形态变化：货币资金→储备资金→生产资金→成品资金→ 货币资金。

③资金退出。

2．会计要素。

会计要素是对会计对象进行的基本分类，是会计对象的________，是________的框架，也是账户的________和________。

会计要素的构成：________、________、________、________、________、________。

（1）资产。

①概念：____。

②特征：____。

a．过去的交易或事项形成的。

b．企业拥有或控制的。

c．预期会给企业带来经济效益（最重要的特征）。

知识点解析

资产的特征重在理解。课本分别针对每一个特征列举了一个具体的实例，要很好地理解掌握。

（3）组成：（流动性分类）

①流动资产。

②非流动资产。

知识点解析

（1）流动资产和非流动资产的划分标准：“一年内”“超过一年但不超过一个经营周期”的理解。例如：恰巧一年被耗用的资产是流动资产还是非流动资产？

（2）资产分类中的举例要注意。

（2）负债。

①概念：____。

②特征：____。

③组成：____。

（3）所有者权益。

①概念：____。

②组成：____。

（4）收入。

①概念：____。

②特征：____。

③组成：____。

（5）费用。

（1）概念：____。

（2）组成：____。

（6）利润。

①概念：________________________________。

②组成：________________________________。

经典例题解析

【例 1】会计的综合计量尺度是（　　）。

A．实物尺度　　B．货币尺度

C．时间尺度　　D．劳动尺度

【答案】B

【解析】此题是 2014 年春考试题，主要考查的知识点是：会计的特点——会计以货币为“主要计量尺度”。但是题目中用了“综合计量尺度”，这就要看对知识点的理解是否到位。

【例 2】下列属于所有者权益的是（　　）。

A．营业利润　　B．长期股权投资

C．留存收益　　D．营业外收支净额

【答案】C

【解析】此题目是 2014 年春考试题，主要考查的知识点是：所有者权益的构成部分。所有者权益由四部分构成，即实收资本、资本公积、盈余公积和未分配利润，后两部分又统称为留存收益。

【例 3】下列直接计入当期损益的费用是（　　）。

A．直接材料费用　　B．直接人工费用

C．制造费用　　D．管理费用

【答案】D

【解析】此题目是 2014 年春考试题，主要考查的知识点是：成本和费用的区别。换句话说，就是哪些费用可以进成本，哪些费用不可以进成本而是要记入损益。可以进成本的只有三部分，即直接材料、直接人工和制造费用。

【例 4】在资金运动过程中，属于资金退出过程的是（　　）。

A．取得信贷资金　　B．用货币购买原材料

C．向所有者分配利润　　D．销售商品取得收入

【答案】C

【解析】此题目是 2014 年春考试题，有两个知识点可以解决这个问题，一是会计对象章节中关于资金退出的内容，二是借贷记账法的应用章节中的资金退出的核算。但是不同版本的教材对此部分内容处理不太一样，要引起大家的注意。

【例 5】所有者在企业资产中享有的经济利益是（　　）。

A．收入　　B．所有者权益　　C．费用　　D．利润

【答案】B

【解析】此题目是 2014 年春考试题，主要考查的知识点是所有者权益的概念。这里要注意的问题是，所有者权益有很多的“提法”：净资产、剩余权益、资产减去负债后的余额，

都是一个意思。

【例 6】能够以货币表现的经济活动内容是（　　）。

A．会计主体　　B．会计客体

C．会计账簿　　D．会计账户

【答案】B

【解析】此题目是 2015 年春考试题，主要考查的知识点是会计对象的概念。“会计客体”这种提法比较少，也容易被忽视。有的版本的教材根本就没有出现“会计客体”，但是此题目可以很顺利地排除 A 选项。

【例 7】下列属于企业资产的是（　　）。

A．经营租入的机器设备　　B．融资租入的机器设备

C．计划购入的机器设备　　D．报废并注销的机器设备

【答案】B

【解析】此题目是 2015 年春考试题，主要考查的知识点就是资产的基本特征——企业拥有或控制的，对“控制”的理解很重要。

【例 8】会计的含义中不包括（　　）。

A．会计是经济管理的重要组成部分　　B．会计的基本职能

C．会计的基本前提　　D．会计的基本形式

【答案】C

【解析】此题目也为以前年度春考题目，主要考查的知识点是会计的概念。此类题目考查方法很新颖，因为会计基本前提的内容大家是不熟悉的，现在考纲里面也把会计基本前提的内容删除了，如此看来四个选项中有一个大家读不太明白的选项，但是将另外三个选项排除掉，就可以得出正确答案了。

【例 9】将货币资金转化为储备资金，这项资金运动的过程是（　　）。

A．筹资过程　　B．生产过程

C．销售过程　　D．供应过程

【答案】D

【解析】此题目为 2016 年度春考试题，主要考查的知识点是生产经营过程和资金运动过程，用一个图表来总结这部分内容更好。

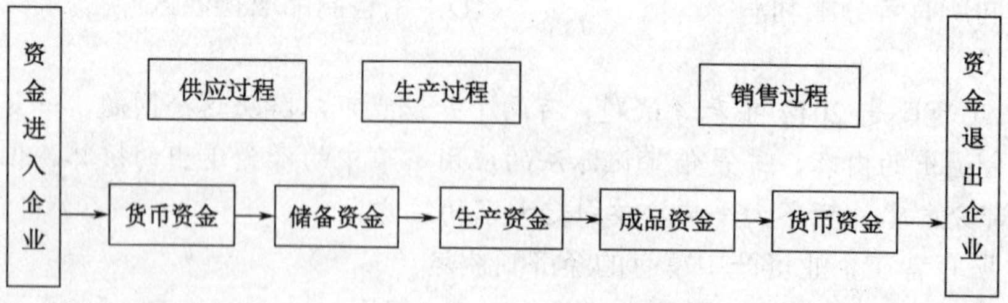

【例 10】从数量方面综合反映企业单位已经发生或已经完成的各项经济活动是指（　　）。

A．事前核算　　B．事前监督

C．事后核算　　D．事后监督

【答案】C

【解析】此题目考查的知识点是会计的基本职能——核算职能，核算职能从时间上分为事前、事中和事后，题目中关键词为“已经发生或已经完成”，依此而得到事后的结论。

【例 11】下列不属于费用要素的是（　　）。

A．制造费用　　B．主营业务成本　　C．管理费用　　D．营业外支出

【答案】D

【解析】此题目考查的知识点是会计要素——费用的概念。首先对于费用的概念中“日常活动”的理解和把握。其次在《企业财务会计》“费用”章节中出现了“损失”的概念，运用这个知识点能更好地解决这类题目。

【例 12】下列对各会计要素的说法正确的是（　　）。

A．应收账款和预收账款都属于资产类

B．盈余公积和未分配利润都属于所有者权益类

C．应付票据与应收票据都属于负债类

D．主营业务成本与实收资本都属于费用类

【答案】B

【解析】此题目考查的知识点是会计要素的组成，在选项中涉及了四个要素的组成内容。其他两个要素的组成内容也要了解一下。

【例 13】营业外收入应计入企业的（　　）。

A．资产　　B．所有者权益　　C．利润　　D．收入

【答案】C

【解析】此题目考查的知识点是会计要素的组成内容。题目中只是稍微“绕了一个弯”，首先要判断出来营业外收入不属于收入而是属于利得，进而判断是利润要素。从历年的春考试题来看，已经多次考查到会计要素的组成内容，牢固记忆“会计要素组成表”，此类题目就可以应对自如。

【例 14】甲、乙两人投资成立了一家有限责任公司，甲投入 30 万元，乙投入 40 万元，并向银行借款 30 万元，经过三年的经营，在资本没有变动的情况下，公司现在的资产为 300 万元，负债为 100 万元，则公司的留存收益是（　　）。

A．70 万元　　B．100 万元　　C．130 万元　　D．200 万元

【答案】C

【解析】此题目考查的知识点为所有者权益的构成。但不是直接考查，而是结合了具体的实例进行考查，属于知识运用能力的考查。

解题思路是：首先计算期初的所有者权益=30+40=70 万；

三年后的所有者权益=300−100=200 万；

在资本没有变动的情况下所有者权益的增加就是盈余公积和未分配利润的增加，即留存收益的增加，即 200−70=130 万。

【例 15】下列对会计要素的阐述不正确的是（　　）。

A．会计要素是会计对象要素的简称

B．会计要素是会计对象的组成部分

C．会计要素是指对会计对象的个体内容所做的基本分类

D．会计要素是会计科目的名称

【答案】D

【解析】此题目考查的知识点为会计要素的概念，属于直接考查。另外利用会计要素与会计科目的关系也可以解决此类题目。

【例 16】下列选项中，属于负债特征的是（　　）。

A．由企业拥有或控制的资源

B．是企业承担的现实义务

C．债权人参与企业管理和利润分配

D．预期会给企业带来经济利益

【答案】B

【解析】此题目是2016年春季高考试题，考查的知识点为负债的特点。

【例 17】属于流动负债项目的是（　　）。

A．长期借款　　B．预收账款

C．应付债券　　D．预付账款

【答案】B

【解析】此题目考查的知识点为会计要素的组成，新颖之处在于考查得更细致了一些，考查了负债类中流动负债的组成。

【例 18】下列称为留存收益的是（　　）。

A．资本公积　　B．投资收益

C．盈余公积和未分配利润　　D．实收资本和资本公积

【答案】C

【解析】此题目考查的知识点为会计要素——所有者权益的组成内容，属于直接考查。

课堂练习

1．以货币计量为基本形式，是指会计的（　　）。

A．本质　　B．职能

C．特点　　D．方法

2．对于会计核算与会计监督两项职能的关系，下列描述错误的是（　　）。

A．两者相辅相成　　B．两者互不干涉

C．核算是监督的基础　　D．监督是核算的延续和深化

3．下列项目中，不属于所有者权益的是（　　）。

A．未分配利润　　B．留存收益

C．投资收益　　D．股本

4．下列不属于会计核算方法的是（　　）。

A．设置账户　　B．登记账簿

C．成本分析　　D．财产清查

5．属于流动负债项目的是（　　）。

A．长期借款　　B．预收账款

C．应付债券　　D．预付账款

6．（　　）是对会计对象进行的基本分类，是会计核算对象的具体化。

A．会计要素　　B．会计科目

C．会计户　　D．会计对象

7．按会计要素划分，营业外支出归属的会计要素是（　　）。

A．收入　　B．费用　　C．所有者权益　　D．利润

8．下列各项中，不符合资产会计要素定义的是（　　）。

A．委托代销商品　　B．委托加工物资

C．待处理财产损失　　D．尚待加工的半成品

模块三　会计核算方法、内容和基本要求

1．会计核算方法。

（1）会计方法。

①会计核算方法。

②会计检查方法。

③会计分析方法。

其中，会计核算方法是基础。

（2）会计核算的方法。

①________________________；

②________________________；

③________________________；

④________________________；

⑤________________________；

⑥________________________；

⑦________________________。

2．会计核算的内容。

（1）款项和有价证券的收付。

（2）财物的收发、增减和使用。

（3）债权、债务的发生和结算。

（4）资本、基金的增减。

（5）收入、支出、费用、成本的计算。

（6）财务成果的计算和处理。

（7）其他。

3．会计核算的基本要求。

（1）________________________。

（2）________________________。

（3）________________________。

（4）________________________。

（5）________________________。

（6）________________________。

经典例题解析

【例 1】下列对会计记录的文字使用要求表述正确的是（　　）。

A．在民族自治地方，会计记录可以不使用中文

B．在中国境内的外商投资企业的会计记录可以不使用中文

C．在民族自治地方，会计记录只能使用中文，不得使用当地通用的一种民族文字

D．在民族自治地方，会计记录在使用中文的同时可以使用当地通用的一种民族文字

【答案】D

【解析】此题目为 2014 年春考试题，考查的知识点为会计核算的基本要求，属于直接考查，只要牢固记忆会计核算的基本要求，此类题目很好解答。

【例 2】下列项目中，不属于会计核算方法的是（　　）。

A．编制财务会计报告　　B．编制试算平衡表

C．财产清查　　D．成本计算

【答案】B

【解析】此题目考查的知识点为会计核算方法体系，属于直接考查，只要牢固记忆会计核算的方法有哪些就可以解这类题目。

常见的考查思路有：①“玩文字游戏”，例如，在 2009 年的春考试题中，就把“成本计算”改为了“成本分析”。

②把我们学习会计过程中常用的一些“术语”加到会计核算方法中去，例如，编制会计分录、编制试算平衡表等。

【例 3】下列各项中不属于会计核算内容的是（　　）。

A．以盈余公积转增资本　　B．制定下年度财务费用开支计划

C．接受捐赠　　D．赊销货物

【答案】B

【解析】此题目考查的知识点看似为会计核算的内容，直接利用课本中会计核算的七条内容去对照解题并不容易。反倒是利用会计核算的对象来解释更容易：会计核算对象表述为“能以货币表现的经济活动”，通常理解为“价值运动或资金运动”，换句话说就是没有引起价值运动或资金运动的就不是会计核算的内容。B 选项为“制定下年度财务费用开支计划”，在此只是计划而已，并没有引起价值运动或资金运动。此题目还有另外思路可以解，就是利用会计的特点——会计核算必须以凭证为依据，此处的凭证就是我们学习过的原始凭证，在学习原始凭证时有专门的规定：计划、合同、申请之类的都不可以作为原始凭证。因为这些都无法证明经济业务已经发生或完成。

【例 4】下列属于会计核算内容的是（　　）。

A．签订商品购销合同　　B．支付房屋租赁费

C．商业竞标　　D．制订生产计划

【答案】B

【解析】跟例 3 一样的知识点，考查方式也一样，不再重述。

课堂练习

1．下列项目中不属于会计核算内容的是（　　）。

A．支付员工的工资　　B．车间领用的各种原材料、辅助材料

C．签订借款协议　　D．接受他人各种形式的投资

2．下列说法不正确的是（　　）。

A．凡是特定对象中能够以货币表现的经济活动就是会计对象

B．会计对象是会计核算和监督的内容

C．核算产品的生产成本属于会计对象

D．签订经济合同属于会计对象

3．在账簿上连续、完整、科学地记录和反映经济业务的一种方法是（　　）。

A．设置账户　　B．复式记账　　C．登记账簿　　D．成本计算

项目二

账户和复式记账

考纲要求

1．理解会计科目的意义与分类。

2．理解账户的概念、基本结构以及会计科目与账户的关系。

3．掌握会计基本等式以及经济业务的发生对会计等式的影响。

4．理解复式记账法；理解借贷记账法的理论基础、记账符号和账户结构。

5．掌握借贷记账法的记账规则、会计分录和失算平衡。

考纲分析

1．该项目内容知识难度较高，考查时大多都是结合实际经济业务分析和探究账户结构、平衡公式和借贷记账法的应用，对会计科目的意义、分类以及和账户的联系与区别都是直接考查。

2．近几年高考试题中都对账户和复式记账进行了考查，并都以选择题的形式出现，随着2015年春季高考题型的变化，有可能出现简答题。

3．2014年高考试题中占据了8分，全部都是以选择题形式出现。

4．2015年高考试题中占据了8分，全部都是以选择题形式出现。

5．2016年高考试题中占据了6分，全部都是以选择题形式出现。

模块一　会计科目

知识清单

1．概念。

会计科目是对会计要素按照__________进行分类的项目。

知识点解析

（1）深刻理解会计对象、会计要素和会计科目之间的关系。

（2）会计对象基本分类——会计要素。

（3）会计要素具体分类——会计科目。

2. 会计科目分类。

（1）按照______________分类：①______________，②______________，③______________，④__________，⑤__________，⑥__________。

（2）按照__________分类：①__________，②__________。

知识点解析

（1）会计科目表中的举例能准确判断其分类。

（2）《财务会计》教材中出现的会计科目能准确判断其分类。

（3）总账科目由财政部统一设置，明细科目由企业自行设置。

（4）并不是每一个总账科目都有明细科目，如累计折旧。

模块二　账户

知识清单

1. 概念：账户是根据____________开设的，具有一定的____________，是用于分类反映会计要素增减变动及其结果的一种载体。

2. 账户由____________和____________两部分组成。

3. 科目和账户的关系。

联系	1. ____是设置账户的依据
	2. ____是账户的名称
	3. ____是会计科目的具体运用
	4. ____所要反映的经济内容，就是____所要登记的内容
区别	1. ____仅仅是个名称，只表明某类经济内容。 账户既有名称又有____，可以记录和反映某类经济内容的增减变动及其结果
	2. ____是国家统一规定的； ____是企业和单位根据会计科目的设置和自身需要开设的

4. 账户的基本结构：____。

5. 账户的基本栏目：①______________②____________________③______________；④______________⑤______________⑥____________________。

知识点解析

（1）明晰账户组成部分、账户基本结构和账户基本栏目之间的区别。

（2）理解科目与账户之间的联系和区别。

经典例题解析

【例 1】下列选项中，属于所有者权益账户的是（　　）。

A．所得税费用账户　　　　　B．制造费用账户
C．投资收益账户　　　　　　D．利润分配账户

【答案】D

【解析】此题目是2016年春考试题，所有者权益类科目包括实收资本（或股本）、资本公积、盈余公积、本年利润、利润分配，所得税费用属于损益类账户。

【例2】下列属于成本类科目的是（　　）。

A．主营业务成本　B．累计摊销　　C．制造费用　　D．销售费用

【答案】C

【解析】此题目是2014年春考试题，考查的知识点为科目的分类。成本类科目课本上列举的有生产成本、制造费用、劳务成本三个。在这里要注意：带“成本”二字的不一定都是成本类，带“费用”二字的不一定都是损益类。

【例3】下列对会计科目的表述正确的是（　　）。

A．会计科目的具体分类就是会计要素
B．明细科目都是由企业自行设定的
C．所有的总账科目都需要开设明细科目
D．细目是对总目和子目更为详细的补充说明

【答案】D

【解析】此题目是2015年春考试题，考查的知识点为会计科目与会计要素的关系，总账科目与明细科目、子目的关系。

【例4】下列不属于损益类科目的是（　　）。

A．主营业务收入　　　　　　B．本年利润
C．营业税金及附加　　　　　D．所得税费用

【答案】B

【解析】此题目是2015春考试题，考查的知识点为会计科目的分类。牢记会计科目表就可以解决这类问题。

【例5】下列不属于损益类账户的是（　　）。

A．所得税费用　　B．累计折旧　　C．投资收益　　D．营业税金及附加

【答案】B

【解析】此题目是以前年度春考试题，考查的知识点为会计科目的分类。解题的思路仍然是牢记会计科目表。

【例6】下列各账户中，不属于成本类账户的是（　　）。

A．生产成本　　　　　　　　B．劳务成本
C．其他业务成本　　　　　　D．制造费用

【答案】C

【解析】此题目是以前年度春考试题，考查的知识点为会计科目的分类。

【例7】账户的基本栏目不包括（　　）。

A．账户名称　　B．凭证编号栏　　C．日期栏　　D．摘要栏

【答案】A

【解析】此题目是以前年度春考的试题，考查的知识点为账户的基本栏目。在这里容易犯的错误是：把账户的基本栏目和账户的基本结构搞混。

【例8】下列对会计科目的阐述正确的是（　　）。

A．会计科目是对经济业务按照不同的经济内容进行分类的项目

B．会计科目的设置要便于反映经济业务的具体内容

C．所有的会计科目均由财政部统一制定

D．会计科目按详细程度可分为总账科目和一级科目

【答案】B

【解析】此题目为以前年度春考的试题，考查的知识点为会计科目的概念及会计科目的设置原则、分类。略带综合性，但难度不大。

课堂练习

1．会计科目是（　）。

A．会计要素的名称　　B．报表的名称

C．账户的名称　　D．账簿的名称

2．下列属于成本类科目的是（　　）。

A．主营业务成本　　B．累计摊销

C．制造费用　　D．销售费用

3．复式记账法对每项经济业务都必须以相等的金额在两个或两个以上的账户中同时登记，其登记的账户是（　　）。

A．资产类账户　　B．权益类账户

C．相互联系的对应账户　　D．总分类账户和明细分类账户

4．对会计对象的具体内容进行归类、核算和监督的一种专门的方法是（　　）。

A．复式记账　　B．登记账簿

C．财产清查　　D．设置账户

5．“待处理财产损溢”账户属于（　　）账户。

A．损益类　　B．资产类

C．成本类　　D．所有者权益类

模块三　复式记账原理

知识清单

1．会计基本等式。

（1）基本等式的平衡原理。

①资产表明企业拥有什么资源和拥有多少资源，说明资金的________。

②权益表明谁提供了这些经济资源，谁对这些资产拥有要求权，说明资金的________。

（2）几种常见的表达式。

①资产=权益。

②资产=负债+所有者权益→静态公式。

③收入-费用=利润。

④资产=负债+所有者权益+（收入-费用）→动态公式。

⑤资产=负债+所有者权益+利润。

⑥资产+费用=负债+所有者权益+收入。

知识点解析

（1）以上几个都叫做会计的等式，但是只有公式2叫做基本等式，其他都是基本等式的变形。

（2）动态公式和静态公式的区别与转换。

（3）会计基本等式的意义或作用。

会计基本等式是复式记账、________、编制资产负债表的理论依据。也是会计方法体系的理论基础。

2．经济业务发生对会计基本等式的影响。

经济业务的四种类型。

①________________________。

②________________________。

③________________________。

④________________________。

知识点解析

1．四种经济业务类型是基本的分类，根据会计恒等式还会有更多的变化。

2．解这类题目的思路是：首先根据经济业务写出会计分录，然后根据借贷所涉及的会计科目的种类再判断类型。

3．复式记账法。

（1）记账方法的概念：________________________。

（2）记账方法的分类：________________________。

（3）复式记账法。

①理论依据：________________________。

②分类：________________________。

③复式记账方法的选用规则：________________________。

经典例题解析

【例1】下列经济业务中，导致资产和权益同时减少的是（　　）。

A．收到投资者投入的无形资产　　B．用银行存款偿还短期借款

C．收回应收账款存入银行　　D．用银行存款购买原材料

【答案】B

【解析】此题目为2014年春考试题，考查的知识点为经济业务对会计等式的影响类型。此类题目的解题思路是：首先写出会计分录，然后根据涉及的会计科目的分类再进一步去判断业务的类型。

【例2】影响会计等式总额发生变化的经济业务是（　　）。

A．以银行存款30 000元购买材料　　B．购买机器设备10 000元，款项未付

C．收到外单位前欠货款5000元　　D．开出商业承兑汇票以抵付前欠货款

【答案】B

【解析】此题目为以前年度春考试题，考查的知识点为经济业务对会计等式的影响类型。和上一个例题考查方式略有不同，根据业务判断出类型后还要再进一步去判断对会计等式总额的影响。

【例3】某企业资产总额300万元，如果发生以下业务：

（1）向银行借入期限为六个月的借款10万元，存入银行存款户；

（2）以现金5万元发放职工工资；

（3）收到A公司偿还的前欠货款8万元存入银行；

（4）收到外商捐赠的设备一台，价值10万元。

上述业务发生后，企业资产总额应为（　　）。

A．323万元　　B．315万元　　C．313万元　　D．300万元

【答案】B

【解析】此题目为以前年度春考试题，考查的知识点为经济业务对会计等式的影响类型。

【例4】采购员预借差旅费，所引起的会计要素的变化类型是（　　）。

A．资产和负债同时增加

B．资产和负债同时减少

C．资产中一个项目增加，一个项目减少

D．负债中一个项目增加，一个项目减少

【答案】C

【解析】此题目为以前年度春考试题，考查的知识点为经济业务对会计等式的影响类型。

【例5】下列选项中，导致负债和所有者权益同时变动的经济业务是（　　）。

A．将现金存入银行　　B．董事会宣布分派现金股利

C．用现金支付股利　　D．盈余公积转增资本

【答案】B

【解析】此题目为2016年度春考试题，考查的知识点为经济业务对会计等式的影响类型。

【例6】影响会计等式总额发生变化的经济业务是（　　）。

A．以银行存款30 000元购买材料　　B．购买机器设备10 000元，款项未付

C．收到外单位前欠货款5000元　　D．开出商业承兑汇票以抵付前欠货款

【答案】B

【解析】此题目为以前年度春考试题，考查的知识点为经济业务对会计等式的影响类型。

【例7】下列项目中，引起资产和负债同时减少的是（　　）。

A．经批准，将资本公积10 000元转增资本

B．以银行存款支付职工工资 400 000 元

C．收到 A 公司投入的设备一台，价值 40 000 元

D．收到前欠货款 10 000 元存入银行

【答案】B

【解析】此题目为以前年度春考试题，考查的知识点为经济业务对会计等式的影响类型。

【例 8】某企业本期期初资产总额为 400 000 元，本期期末负债总额比期初增加了 100 000 元，所有者权益总额比期初增加了 50 000 元，则该企业本期期末资产总额为（　　）。

A．295 000 元　　B．305 000 元　　C．450 000 元　　D．550 000 元

【答案】D

【解析】此题目为以前年度春考试题，考查的知识点为会计平衡公式。考查的重点是利用平衡公式解决实际问题。

【例 9】下列不属于复式记账法的是（　　）。

A．借贷记账法　　B．收付记账法　　C．收支记账法　　D．增减记账法

【答案】C

【解析】此题目为以前年度春考试题，考查的知识点为复式记账法的分类情况。

【例 10】会计的基本等式是（　　）。

A．资产=权益

B．资产=负债+所有者权益

C．资产=负债+所有者权益+利润（亏损）

D．收入-费用=利润

【答案】B

【解析】此题目为以前年度春考试题，考查的知识点为会计基本等式。其他几个等式也成立，但会计基本等式只有一个。

【例 11】为了保证会计记录完整、可靠，判断审查经济活动是否合理合法而采用的会计核算方法是（　　）。

A．设置账户　　B．复式记账

C．填制和审核凭证　　D．登记账簿

【答案】C

【解析】此题目为以前年度春考试题，考查的知识点为会计核算方法。

【例 12】下列经济业务不会引起资产总额变动的是（　　）。

A．收到投资者投入的设备　　B．收到购货单位的预付款

C．购买材料，货款未付　　D．购买材料，支付货款

【答案】D

【解析】此题目为以前年度春考试题，考查的知识点为经济业务对会计等式的影响类型。

课堂练习

1．下列项目中，引起所有者权益减少的是（　　）。

A．用税后利润弥补亏损　　　　B．用盈余公积补亏
C．计提盈余公积　　　　　　　D．用盈余公积分派现金股利

2．通常情况下，下列账户可能与“生产成本”账户形成对应户的是（　　）。
A．主营业务收入　B．所得税费用　C．应付职工薪酬　D．实收资本

3．会计分录的要素不包括（　　）。
A．经济业务的内容　　　　　　B．记账方向
C．账户名称　　　　　　　　　D．应记金额

4．下列经济业务中，导致资产和权益同时减少的是（　　）。
A．收到投资者投入的无形资产　B．用银行存款偿还短期借款
C．收回应收款存入银行　　　　D．用银行存款购买原材料

5．与制造费用户不可能发生对应关系的是（　　）。
A．库存商品　B．应付职工薪酬　C．银行存款　D．生产成本

6．下列经济业务中，会引起企业的资产和所有者权益总额变化的是（　　）。
A．企业以银行存款购买存货（不考虑增值税）
B．企业以银行存款支付现金股利
C．投资者以银行存款对企业进行投资
D．企业将资本公积转增资本

7．借贷双方登记的内容，其正确的说法是（　　）。
A．借方反映资产、负债、所有者权益、收入、费用增加，贷方则反之
B．借方反映资产、收入增加，负债、所有者权益、费用减少，贷方则反之
C．借方反映资产、费用增减，贷方反映负债、所有者权益、收入增减
D．借方反映资产、费用增加，负债、所有者权益、收入减少，贷方则反之

模块四　借贷记账法

知识清单

1．借贷记账法的理论依据。

____。

2．借贷记账法的记账符号。

____。

知识点解析

如何判断账户的性质？

借贷记账法不要求账户进行固定分类，允许设置双重性质的账户，根据期末余额来确定其性质。

3．借贷记账法下的账户结构。

（1）资产类账户的结构：____。

资产类账户余额计算公式：____。

（2）成本费用类账户结构：____。

（3）权益类账户结构：____。

权益类账户余额计算公式：____。

（4）收入类账户结构：____。

知识点解析

（1）资产类账户与成本费用类账户的最大不同是：__________。

（2）权益类账户和收入类账户的最大不同是：__________。

4．借贷记账法的记账规则和会计分录。

（1）借贷记账法的记账规则：____。

（2）借贷记账法的会计分录：____。

①会计分录的概念：____。

②会计分录三要素：____。

③会计分录编制三步骤：____。

④会计分录的分类：____。

知识点解析

复合会计分录的编制原则：

（1）复合会计分录可以分解为多个简单分录。

（2）可以编制多借多贷的复合分录，但不可机械合并业务后采用多借多贷分录来反映。

（3）登记账户：俗称________，主要包括三个内容，即：________、________、________。

（4）试算平衡。

①发生额试算平衡：

理论基础：____。

公式：____。

编制目的：____。

②余额试算平衡：

理论基础：____。

公式一：____。

公式二：____。

编制目的：____。

知识点解析

（1）试算平衡的局限性。

（2）试算平衡检查不出来的错误有________________________。

经典例题解析

【例 1】借贷记账法的理论基础是（　　）。

A．复式记账　　　　B．成本计算

C．会计平衡公式　　D．试算平衡

【答案】C

【解析】此题目为 2014 年春考试题，考查的知识点为借贷记账法的理论基础。此外要很好地理解会计平衡公式还有哪些作用。

【例 2】发生额试算平衡的理论基础是（　　）。

A．借贷记账法的记账规则　　B．会计基本等式

C．收入-费用=利润　　D．会计核算方法

【答案】A

【解析】此题目为 2016 年春考试题，考查的知识点为试算平衡的理论基础。试算平衡分为余额试算平衡和发生额试算平衡，但是理论基础是不一样的。余额试算平衡的理论基础是会计恒等式，发生额试算平衡的理论基础是借贷记账法的记账规则“有借必有贷，借贷必相等”。

【例 3】下列各项不属于账户结构内容的是（　　）。

A．账户名称　　B．所附原始凭证的张数

C．日期和摘要　　D．凭证字号

【答案】A

【解析】此题目为 2015 年春考试题，考查的知识点为账户的结构内容。账户的结构内容应理解为账户的基本栏目，只要有亲身登记过账簿的经历就可以很好地解答此题目。

【例 4】在借贷记账法下，账户的借方登记（　　）。

A．费用的增加和收入的减少　　B．所有者权益的减少和费用的减少

C．收入的增加和资产的减少　　D．资产的增加和成本的减少

【答案】A

【解析】此题目为以前年度春考试题，考查的知识点为借贷记账法下不同类型的账户的结构。此处是按类别考查，还可以具体到某一个账户去考查，在此要提示几个结构特别的账户：坏账准备、累计折旧、累计摊销、待处理财产损溢。

【例 5】“应收账款”账户的期初余额为借方 40 000 元，本期借方发生额 10 000 元，本期贷方发生额 80 000 元，该账户的期末余额为（　　）。

A．贷方 80 000 元　　B．借方 30 000 元

C．贷方 30 000 元　　D．借方 50 000 元

【答案】C

【解析】此题目考查的是余额计算公式，属于直接考查。只要掌握公式解题将很容易。

【例 6】下列各项中有关账户之间的平衡关系的描述不正确的是（　　）。

A．全部账户的期初余额借方合计数等于全部账户的期初余额贷方合计数

B．全部账户的本期发生额借方合计数等于全部账户的本期发生额贷方合计数

C．全部账户的期初余额借方合计数等于全部账户的期末余额借方合计数

D．全部账户的期末余额借方合计数等于全部账户的期末余额贷方合计数

【答案】C

【解析】此题目为以前年度春考试题，考查的知识点为试算平衡公式。平衡公式共有三

个：期初余额平衡公式，期末余额平衡公式，发生额平衡公式。

【例 7】下列账户中期末一般无余额的是（　　）。

A．银行存款　　　　B．销售费用

C．利润分配　　　　D．应付股利

【答案】B

【解析】此题目为以前年度春考试题，考查的知识点为借贷记账法下的账户结构，这里重点考查了余额的情况。

【例 8】期末，编制试算平衡表时，如果只检查记账结果是否有误，可以只编制（　　）。

A．本期发生额试算平衡表　　　　B．期末余额试算平衡表

C．期初余额试算平衡表　　　　D．期初余额与本期发生额试算平衡表

【答案】B

【解析】此题目为以前年度春考试题，考查的知识点为试算平衡，重点考查了试算平衡中“三个”平衡关系式分别有什么作用。

【例 9】若某总账账户的期末余额为零，则其所属的各明细账户的期末余额（　　）。

A．均为零　　　　B．均不为零

C．相加后为零　　　　D．至少有一个明细账户为零

【答案】C

【解析】此题目为以前年度春考试题，考查的知识点为总账与明细账的关系。课本上的关系是用文字叙述的，根据总账和明细账的勾稽关系可以形成两个公式：总账发生额=所属的明细账发生额之和；总账余额=所属的明细账的余额之和。

【例 10】下列关于“借”和“贷”的含义，表述正确的是（　　）。

A．“借”可以表示资产的增加和费用的减少

B．“贷”可以表示负债的增加和收入的减少

C．“借”可以表示所有者权益的减少和负债的增加

D．“贷”可以表示成本的减少和利润的增加

【答案】D

【解析】此题目为以前年度春考试题，考查的知识点为借贷记账法下的账户结构，属于直接考查。

【例 11】“库存商品”账户的期初借方余额为 20 000 元，本期完工入库库存商品 40 000 元，该账户期末借方余额为 15 000 元，则“库存商品”账户的本期贷方发生额为（　　）。

A．70 000 元　　B．60 000 元　　C．45 000 元　　D．35 000 元

【答案】C

【解析】此题目为以前年度春考试题，考查的知识点为账户的余额计算公式，不同性质的账户余额计算公式略有差别，要注意区别。

【例 12】下列不属于会计分录要素的是（　　）。

A．确定账户名称　　　　B．确定记账时间

C．确定应记金额　　　　D．确定记账方向

【答案】B

【解析】此题目为以前年度春考试题，考查的知识点为会计分录的构成要素。会计分录的构成要素有三个：账户名称、记账方向、应记金额。

课堂练习

1．借贷记账法的余额试算平衡公式是（　　）。

A．每个账户借方发生额=每个账户贷方发生额

B．全部账户本期借方发生额合计=全部账户本期贷方发生额合计

C．全部账户期末借方余额合计=全部账户期末贷方余额合计

D．每个账户期末借方余额=每个账户期末贷方余额

2．下列记账错误中，不能通过试算平衡检查发现的是（　　）。

A．将某一户的发生额500元，误写成5000元

B．漏记了某一账户的发生额

C．将应记入“管理费用”户的借方发生额，误记入“制造费用”户的借方

D．将应记入“管理费用”户的借方发生额，误记入了该户的贷方

项目三

借贷记账法的应用

考纲要求

掌握借贷记账法的应用。

考纲分析

1．考纲中对本项目的要求只有一条，但是是最高级别“掌握”。这部分内容是本科目的重点也是难点，但不是高考的重点，因为《企业财务会计》对该内容高度“覆盖”，所以高考中很少以业务题形式直接考查。

2．从历年春季高考的情况来看，这部分内容更多的是考核了有关计算方法的部分和有关账户的设置、使用方法。如运杂费用的分配，完工产品成本的计算等。

3．2014 年春季高考中此部分内容共考查了 5 个选择题，计 10 分。

4．2015 年春季高考中此部分内容共考查了 2 个选择题，计 4 分。

5．从 2014 年和 2015 年春季高考技能考试的情况来看，业务题的难度基本是以《会计基础》教材的难度为准，不同的是 2014 年对经济业务内容的展现采用了原始凭证形式（事先公布了业务内容），2015 年对经济业务内容的展现采用了文字叙述形式（事先不公布业务内容），随着技能考试难度的逐年增加，应该积极准备经济业务内容的展现采用原始凭证形式，且不会提前公布业务内容的题型。

模块一　资金筹集的核算

知识清单

1．资金筹集的渠道：____________、____________。

2．设置的主要账户：

账户名称	性质	核算内容	借方登记内容	贷方登记内容	余额方向	表示意义
银行存款						
实收资本						
短期借款						

续表

账户名称	性质	核算内容	借方登记内容	贷方登记内容	余额方向	表示意义
长期借款						
固定资产						
无形资产						

知识点解析

（1）资金筹集是企业生产经营活动的起点。应与填制和审核会计凭证是会计核算工作的起始环节，进行区别。

（2）以上总账科目都有相对固定的明细账的设置请大家注意。

模块二　存货采购的核算

知识清单

1．存货采购的重要意义。

货币资金→储备资金。

2．存货采购核算的主要内容：①____________________。②______________________。③____________________。

3．设置的主要账户。

账户名称	性质	核算内容	借方登记内容	贷方登记内容	余额方向	表示意义

以上总账科目都有相对固定的明细账的设置，请大家注意。

4．材料物资采购成本的构成。

（1）买价：____。

（2）采购费用：①__________________。②__________________。③______________。④________________。

5．材料物资采购成本的计算。

（1）多种材料共同发生的采购费用的分配。

（2）合理损耗与超定额损耗的处理。

（3）相关税金的处理。

知识点解析

（1）共同发生的采购费用分配中，分配标准的选择：计量单位一致的可以选用计量单位进行分配，计量单位不一致的选择金额进行分配。（或按题目要求选择）。

（2）分配率除不尽，四舍五入后，要注意产生尾差的处理：一般采用倒挤的办法。

（3）结合税法的知识考核税金的处理要十分注意。

经典例题解析

【例 1】购买甲材料 100 千克，买价 20 000 元，增值税额 3400 元，运杂费 1000 元，入库前的挑选整理费 1000 元，验收入库 95 千克，途中合理损耗 5 千克。则甲材料的单位采购成本是（　　）。

A．254 元/千克　　B．220 元/千克

C．221.05 元/千克　　D．231.58 元/千克

【答案】D

【解析】此题目为 2014 年春考试题，考查的知识点为材料采购成本构成的内容。材料采购成本的内容用层次图表示更清楚。

材料采购成本
- 买价
- 采购费用
  - 运杂费
  - 运输途中的合理损耗
  - 入库前的整理挑选费
  - 购入材料应负担的相关税金和其他费用

知识点解析

（1）合理损耗可以计入材料物资的成本，总成本计算公式和单位成本计算公式。

（2）非合理损耗不可以计入材料物资的成本，总成本计算公式和单位成本计算公式。

（3）“相关税费”要深刻理解，常见的可以计入材料物资成本的税费有：小规模纳税人的进项税额，进口环节的消费税、关税，非增值税项目购进的货物的进项税额等。

（4）此处可以结合《企业财务会计》和《财经法规和职业道德》中的税法部分进行综合考查。

（5）采购材料发生的差旅费按照道理也是可以计入材料成本的，但是为了简化核算，差旅费不计入材料采购成本，直接计入管理费用。

【例 2】企业购买的原材料验收入库应记入（　　）。

A．“在途物资”账户的借方　　B．“材料采购”账户的借方

C．“原材料”账户的借方　　D．“原材料”账户的贷方

【答案】C

【解析】此题目为 2014 年春考试题，考查的知识点为供应过程中需要设置的账户与应用。

【例 3】购买 A 材料一批，买价 10 000 元，增值税 1700 元，运费 1000 元，途中合理损耗 100 元，则 A 材料的采购成本是（　　）。

A．12 800 元　　B．11 100 元　　C．11 000 元　　D10 900 元

【答案】C

【解析】此题目为以前年度春考试题，考查的知识点为材料采购成本的计算。此处结合了具体是采购实例，考查知识运用能力，但是考查得比较基础、简单。

课堂练习

1．不属于材料采购费用的是（　　）。

A．买价　　B．运费

C．运输途中的合理损耗　　D．入库前的挑选整理费用

2．企业收到投资人投入的资本时，应贷记（　　）账户。

A．投资收益　　B．实收资本　　C．资本公积　　D．盈余公积

3．几种物资共同发生的采购费用，应采用适当的分配标准计入各种物资的采购成本。一般采用的分配标准是（　　）。

A．物资重量或买价　　B．产品的生产工时或生产工人工资

C．物资的重量或生产工人工资　　D．买价或产品的生产工时

4．作为一般纳税人，下列不应计入材料采购成本项目的是（　　）。

A．买价　　B．运杂费

C．运输途中合理损耗　　D．购买材料应负担的增值税

模块三　生产过程的核算

知识清单

1．生产过程核算的重要意义。

储备资金→生产资金→成品资金

2．生产过程核算的主要内容。

（1）____。

（2）____。

（3）____。

3．设置的主要账户。

账户名称	性质	核算内容	借方登记内容	贷方登记内容	余额方向	表示意义

以上总账科目都有相对固定的明细账的设置，请大家注意。

4．制造费用的分配与结转。

（1）分配方法与计算公式：________________________________。

（2）制造费用分配标准的选择。

①常见的分配标准有________、________、________。

②企业可以自行选择，但不可随意变更。

知识点解析

结合《企业财务会计》中关于制造费用的分配共有两次。第一次是在不同的产品品种之间进行的分配。第二次是在同一产品不同的生产状态下的分配（在完工产品与在产品之间的分配）。这里讨论的是第一次分配。

5．完工产品生产成本的计算与结转。

（1）产品生产成本的构成：________、________、________。

前两项又称为直接成本，后一项又称为间接成本。

（2）完工产品成本计算的公式：________________________________。

知识点解析

（1）公式应用中更多的是首先计算在产品的成本，然后“倒挤”出完工产品的成本，这样可以有效地避免计算过程中的“尾差”。

（2）2014 年春季高考增加了技能考试，在春季高考的笔试中就没有了操作题，在 2015 年的春季高考中再次出现了操作题，应引起大家的高度重视，完工产品成本的计算可以结合操作题出现“三合一”的考核方式，即计算题、业务题、操作题的综合考核方式。

（3）课本中出现的“没有贷方栏的三栏式明细账”的登记方法要重视。

模块四　销售过程的核算

知识清单

1．销售过程核算的重要意义：

成品资金→货币资金

2．销售过程核算的主要内容：

（1）______________________________________。
（2）______________________________________。
（3）______________________________________。
（4）______________________________________。
（5）______________________________________。
（6）______________________________________。

3．设置的主要账户：

账户名称	性质	核算内容	借方登记内容	贷方登记内容	余额方向	表示意义

以上总账科目都有相对固定的明细账的设置，请大家注意。

4．收入确认的条件：

（1）____________________________________。
（2）____________________________________。
（3）____________________________________。
（4）____________________________________。

经典例题解析

【例 1】某企业只生产和销售甲产品，2013 年 6 月期初在产品 100 件，成本为 10 000 元；本月投产 1000 件，共发生生产费用 120 000 元；月末在产品 200 件，成本为 24 000 元。则该企业 6 月份完工甲产品的单位成本是（　　）。

A．150 元/件　　B．133.34 元/件　　C．130 元/件　　D．117.78 元/件

【答案】D

【解析】此题目为 2014 年春考试题，考查的知识点为完工产品成本的计算方法。有三个公式：本月完工产品成本=月初在产品成本+本月发生费用−月末在产品成本

本月完工产品数量=月初在产品数量+本月投入产品数量−月末在产品数量

产品单位成本=完工产品总成本/本月完工产品数量

【例 2】A 产品月初在产品成本 8000 元，本月 A 产品共发生材料费用 20 000 元，人工费用 25 000 元，制造费用 10 000 元，月末在产品成本为 5000 元，本月 A 产品完工产品成本为（　　）。

A．58 000 元　　B．55 000 元　　C．60 000 元　　D．13 000 元

【答案】A

【解析】此题目为以前年度春考试题，考查的知识点为完工产品成本的计算方法。此处只用到一个公式：本月完工产品成本=月初在产品成本+本月发生费用–月末在产品成本。

课堂练习

1．计提本月固定资产折旧时，应贷记（　　）账户。

A．固定资产　　B．累计折旧　　C．累计摊销　　D．制造费用

2．累计折旧户的贷方余额表示（　　）。

A．折旧的转销数　　B．折旧的增加数

C．折旧的减少数　　D．折旧的累计数

3．下列费用中，不应计入产品生产成本的是（　　）。

A．车间管理人员工资　　B．车间设备的折旧费用

C．厂部管理人员工资　　D．直接材料费

4．采购员出差预借差旅费时，应借记（　　）账户。

A．其他应收款　　B．管理费用　　C．物资采购　　D．制造费用

5．完工产品成本和在产品成本的关系正确的是（　　）。

A．本月完工产品成本=月初在产品成本+本月在产品成本–本期生产成本

B．本月完工产品成本=月初在产品成本+本期生产成本–月末在产品成本

C．本月完工产品成本=月末在产品成本+本期生产成本–月初在产品成本

D．本月完工产品成本=月末在产品成本–本期生产成本–月初在产品成本

6．产品销售成本=产品销售数量×产品的（　　）。

A．生产总成本　　B．销售成本

C．单位生产成本　　D．单位采购成本

7．支付产品广告费时，应借记（　　）账户。

A．管理费用　　B．销售费用　　C．营业外支出　　D．其他业务成本

8．“生产成本”账户的贷方登记（　　）。

A．为生产产品发生的各种费用　　B．完工入库产品的生产成本

C．已售产品的生产成本　　D．期末转入“本年利润”账户的成本

9．应计入产品成本的费用是（　　）。

A．销售费用　　B．财务费用

C．管理费用　　D．制造费用

10．某企业只生产一种产品。2005年4月1日期初在产品成本3.5万元；4月份发生如下费用：生产领用材料6万元，生产工人工资2万元，制造费用1万元，管理费用1.5万元，广告费0.8万元；月末在产品成本3万元。该企业4月份完工产品的生产成本为（　　）万元。

A．8.3　　B．9　　C．9.5　　D．11.8

模块五　利润分配和资金退出的核算

知识清单

1．利润形成和利润分配的核算。

（1）设置的主要账户。

账户名称	性质	核算内容	借方登记内容	贷方登记内容	余额方向	表示意义

知识点解析

以上总账科目都有相对固定的明细账的设置，请大家注意。

（2）核算程序。

①________________。
②________________。
③________________。
④________________。
⑤________________。
⑥________________。
⑦________________。

知识点解析

1. 核算程序中每一个步骤都有严格的顺序。
2. 每一步中的会计分录明细账户都很重要。

（3）利润计算公式。

公式一：________________
公式二：________________
公式三：________________
公式四：________________
公式五：________________
公式六：________________

知识点解析

1. 注意以上公式的综合运用，例如：企业对福利院捐赠影响营业利润吗？

2. 《企业财务会计》中也有这部分的公式，涉及项目要更多，要把两个知识点结合起来综合掌握。

（4）营业外收入的内容。

①________________。

②________________。

③________________。

④________________。

（5）营业外支出的内容。

①________________。

②________________。

③________________。

④________________。

⑤________________。

⑥________________。

⑦________________。

⑧________________。

（6）提取盈余公积。

①盈余公积的分类和计提比例：________________。

②提取盈余公积的其他规定：________________。

2．资金退出的核算。

（1）能准确判断资金退出企业的业务。

（2）常见资金退出企业业务的核算。

①偿还债务。

偿还债务分为偿还本金和支付利息。

利息的计算不属于资金退出，利息的支付才属于资金退出。

②缴纳税费。

税费的计算不属于资金退出，税费的实际缴纳才属于资金退出。

经典例题解析

【例 1】用来核算企业在一定时期内实现的经营成果的账户是（　　）。

A．“本年利润”账户　　B．“利润分配”账户

C．“生产成本”账户　　D．“盈余公积”账户

【答案】A

【解析】此题目为 2014 年春考试题，考查的知识点为利润形成核算需要设置的账户及应用。更准确的说法是“本年利润”账户的应用中关于核算内容的考查。

【例 2】某企业 2013 年 12 月有关损益类账户累计发生额为：主营业务收入 1 560 000 元，主营业务成本 650 000 元，营业税金及附加 20 000 元，营业外收入 73 000 元，营业外支

出 35 000 元，管理费用 100 000 元，财务费用 50 000 元，销售费用 60 000 元。则该企业的营业利润是（　　）。

A．680 000 元　　B．718 000 元

C．928 000 元　　D．948 000 元

【答案】A

【解析】此题目为 2014 年春考试题，考查的知识点为利润的系列计算。直接利用公式：营业利润=营业收入-营业成本-营业税金及附加-销售费用-管理费用-财务费用+投资收益，就可以解题。此处考查方式中出现了“营业外收入和营业外支出”的金额，计算营业利润是不涉及营业外收支的。

【例 3】“利润分配”账户贷方登记（　　）。

A．由“本年利润”账户转入的全年实现的净利润

B．由“本年利润”账户转入的全年发生的净亏损

C．实际分配的利润额

D．未弥补的亏损

【答案】A

【解析】此题目为 2015 年春考试题，考查的知识点为利润分配核算需要设置的账户及应用，更为准确的说法是：“利润分配”账户应用中贷方登记内容的考查。

【例 4】下列各项不计入“营业税金及附加”账户的是（　　）。

A．城市维护建设税　　B．资源税

C．教育费附加　　D．印花税

【答案】D

【解析】此题目为 2015 年春考试题，考查的知识点为销售过程的核算需要设置的账户及应用，更准确的说法是“营业税金及附加”账户的核算内容的考查。或者用《企业财务会计》流动负债章节应交税费部分知识点也可以解此题，并且感觉更容易理解——哪些税费不需要通过“营业税金及附加”账户核算？哪些税费需要通过“营业税金及附加”账户核算？

【例 5】下列各项不影响计算利润总额的因素是（　　）。

A．营业税金及附加　　B．其他业务收入

C．投资收益　　D．所得税费用

【答案】D

【解析】此题目为以前年度春考试题，考查的知识点为利润的计算。利用公式利润总额=营业利润+营业外收入-营业外支出；营业利润=营业收入-营业成本-营业税金及附加-销售费用-管理费用-财务费用+投资收益；比较后会发现只要是两个公式中涉及的项目都会影响利润总额，不涉及的就不会影响。

【例 6】营业外支出不包括（　　）。

A．支付的赔偿金　　B．公益救济性捐款支出

C．非常损失　　D．存货入库后的自然损耗

【答案】D

【解析】此题目为以前年度春考试题，考查的知识点为营业外支出的内容，属于直接考查。

【例 7】下列关于“本年利润”账户的描述正确的是（　　）。

A. 每月末结转“本年利润”账户的余额至“利润分配”账户

B.“本年利润”账户是损益类账户

C. 年末一次性结转“本年利润”账户的余额至“利润分配”账户

D. 本年利润账户借方登记从损益类账户转入的收入数

【答案】C

【解析】此题目为以前年度春考试题，考查的知识点为“本年利润”账户的应用，主要是本年利润账户余额的结转是年末结转，不是月末结转。这个知识点还有一个典型的考查方法：8 月底“本年利润”账户的余额为 10 万元，表示的意义是，从年初至 8 月底累计实现的净利润。

课堂练习

1. 借：本年利润，贷：利润分配，这笔会计分录反映的经济业务是（　　）。
   A. 分配本年实现的净利润　　B. 结转全年发生的亏损
   C. 结转全年实现的净利润　　D. 将利润分配数转入“本年利润”账户
2. 与本年利润账户不发生对应关系的账户是（　　）。
   A. 销售费用　　B. 主营业务成本
   C. 累计折旧　　D. 利润分配
3. 不影响“营业利润”项目的是（　　）。
   A. 主营业务收入　　B. 营业外收入
   C. 营业税金及附加　　D. 投资收益
4.“所得税费用”账户的贷方登记（　　）。
   A. 转入“本年利润”账户的所得税　　B. 实际缴纳的所得税
   C. 应由本企业负担的税费　　D. 转入“生产成本”账户的税费
5.“本年利润”账户 3 月 31 日的贷方余额表示（　　）。
   A. 企业 3 月份实现的利润　　B. 企业 3 月 31 日实现的利润
   C. 企业年初至 3 月份累计实现的利润　　D. 企业年初至 3 月份已分配的利润
6. 借：资本公积，贷：实收资本，这笔会计分录反映的经济业务是（　　）。
   A. 提取资本公积　　B. 将资本公积转增注册资本
   C. 将实收资本转增资本公积　　D. 冲销资本公积和实收资本
7. 下列项目中，不属于“营业外支出”账户核算内容的是（　　）。
   A. 固定资产盘亏　　B. 公益救济性捐赠
   C. 支付的借款利息　　D. 支付的赔偿金
8.“本年利润”账户的期末余额表示（　　）。
   A. 实现的利润　　B. 实现的收入
   C. 发生的亏损　　D. 实现的利润或发生的亏损

项目四

会计凭证

考纲要求

1．了解会计凭证的概念、作用和种类。

2．理解原始凭证和记账凭证的概念和种类。

3．掌握原始凭证和记账凭证的内容和填制要求。

4．掌握原始凭证和记账凭证的填制和审核方法。

考纲分析

本项目考点主要有三个，会计凭证、原始凭证、记账凭证。复习时要注意：

1．会计凭证的概念及分类；

2．原始凭证的概念、分类、内容、填制与审核；

3．记账凭证的概念、分类、内容、填制与审核；

4．从历年春季高考的试题来看，考查的思路主要有两个，一是对知识点的直接考查；二是对原始凭证和记账凭证中的有关知识点进行“甄别”。

5．2014年高考试题中共考查了6分，全部是选择题型。

6．2015年高考试题中共考查了4分，全部是选择题型。

7．2016年高考试题中共考查了6分，全部是选择题型。

模块一　认识会计凭证

知识清单

1．会计凭证的概念：

2．会计凭证的作用：

（1）____。

（2）____。

（3）____。

知识点解析

填制和审核凭证是会计核算的方法之一，是会计核算的起始环节。

3．会计凭证的分类：

____。

会计凭证的分类要注意分类的标准和分类的结果。

模块二　原始凭证

知识清单

1．原始凭证的概念。

____。

知识点解析

（1）不可以作为原始凭证的举例，如购货合同、请购单、对账单等。

（2）可以作为原始凭证，不可以据以调整账簿记录的原始凭证，如盘存单。

2．原始凭证的分类。

（1）按来源不同：

①外来原始凭证。

概念：______________________________。

举例：______________________________。

②自制原始凭证。

概念：______________________________。

举例：______________________________。

（2）按填制方法不同：

①一次原始凭证。

概念：______________________________。

举例：______________________________。

②累计原始凭证。

概念：______________________________。

举例：______________________________。

③汇总原始凭证。

概念；______________________________。

举例：______________________________。

知识点解析

（1）一次凭证和汇总凭证都是一次填制完成的。累计凭证是多次完成的。如此就能明确区分每一张原始凭证是一次凭证或汇总凭证还是累计凭证。

（2）一次凭证和汇总凭证的区分。

这两类凭证都是一次填制完成的，又都可以记录多笔同类业务，将如何判断其分类呢？一次凭证是直接证明经济业务发生或完成的证明，汇总凭证是根据同类多张一次凭证汇总而来的，并不能证明经济业务发生或完成情况，要附有多张同类一次凭证来证明，并不是严格意义上的原始凭证。换句话说就是：一次凭证不需要“附件”，而汇总凭证必须要有“附件”。

（3）按格式不同：

①通用原始凭证。

概念：____。

举例：____。

②专用原始凭证。

概念：____。

举例：____。

知识点解析

（1）原始凭证对于不同的会计主体会出现不同的分类结果。例如，发票对于开具方来讲就是自制原始凭证，对于接受方就是外来原始凭证，只有明确说是销货发票就是自制原始凭证，购货发票就是外来原始凭证。

（2）原始凭证的重叠分类。

一张原始凭证按照不同的分类标准会有不同的结果。例如，领料单是自制原始凭证的同时，又是一次原始凭证，还是专用原始凭证。

3．原始凭证的基本内容：

①____________；②____________；③____________；④____________；⑤____________；⑥____________；⑦____________。

特例：属于外来原始凭证但是不需要加盖公章的是________、________、________。

4．原始凭证的填制要求：

①__________；②__________；③__________；④__________。

5．原始凭证的审核内容：

①__________；②__________；③__________；④__________。

知识点解析

对于审核原始凭证结果的处理：

（1）审核无误的原始凭证可以据以填制记账凭证。

（2）审核发现问题的原始凭证应根据不同情况采取不同处理措施：

① 对不真实、不合法的原始凭证应________；

② 对记载不准确、不完整的原始凭证应________；

③ 对违反制度和法令的应________；

④ 对伪造凭证、涂改凭证和虚报冒领的应________。

（6）原始凭证的填制实例：

（1）增值税专用发票：

①增值税专用发票的联次名称及用途。

第一联 称作________用于________。

第二联 称作________用于________。

第三联 称作________用于________。

第四联 称作________用于________。

②普通发票的联次名称及用途：

第一联 称作________用于________。

第二联 称作________用于________。

第三联 称作________用于________。

③对发票使用和管理的规定。

a．按照规定的时限、顺序，逐栏、全部联次一次性如实开具，加盖单位________印章或者________印章。

b．不得转借、转让、代开发票，未经税务机关同意不得拆本使用发票，不得自行扩大专业发票使用范围。

c．对不符合规定的发票有权拒收。

（2）领料单：________________________________。

（3）限额领料单：______________________________。

（4）发料凭证汇总表：__________________________。

知识点解析

（1）原始凭证的填制在历年的春季高考中都出现过，但绝不仅仅限于课本中的几个举例，还包括《财务会计》课本中出现的部分。

（2）原始凭证的填写过程中出现错误的处理。填写错误时应重新填写，并把填写错误的原始凭证加盖“作废”戳记，连同存根保存备查，不得撕毁。

经典例题解析

【例 1】下列不属于原始凭证审核内容的是（　　）。

A．审核凭证的金额　　B．审核凭证的签章

C．审核凭证的会计科目　　D．审核凭证的各联

【答案】C

【解析】此题目为 2014 年春考试题，考查的知识点为原始凭证审核的内容，属于直接考查。此题目很典型，就是把原始凭证审查的内容和记账凭证审查的内容进行比较考查。

【例 2】下列原始凭证中，属于汇总原始凭证的是（　　）。

A．增值税专用发票　　B．发出材料汇总表

C．限额领料单　　D．领料单

【答案】B

【解析】此题目为 2014 年春考试题，考查的知识点为原始凭证的种类，重点考查了一次原始凭证、累计原始凭证和汇总原始凭证的区分。属于直接考查，因为课本上的举例就是发料凭证汇总表，此处可以加大难度，不采用课本上的举例，所以要很好地理解以上三种凭证的区别。

【例 3】下列属于原始凭证的是（　　）。

A．银行余额调节表　　B．银行对账单

C．收款收据　　D．请购单

【答案】C

【解析】此题目为 2015 年春考试题，考查的知识点为原始凭证的概念。不是直接考查，属于运用知识解决问题能力的考查，但是比较简单，因为考查的几个具体实例都是课本上的举例。

【例 4】关于发票，下列说法不正确的是（　　）。

A．任何单位和个人对不符合规定的发票，有权拒收，并不得作为财务报销凭证

B．未经税务机关批准，不得拆本使用发票

C．任何单位和个人只允许临时代开发票，不得转借转让发票

D．单位和个人在开具发票时应当按照规定的时限、顺序，逐栏、全部联次一次性如实开具

【答案】C

【解析】此题目为以前年度春考试题，考查的知识点为外来原始凭证，重点考查了外来原始凭证的典型代表——发票的有关规定。外来原始凭证还有一个典型的代表——增值税专用发票，也有很多规定，要引起注意。

【例 5】对于会计凭证的装订，下列说法不正确的是（　　）。

A．应按记账凭证的编号顺序进行装订

B．应加具封面与封底

C．原始凭证必须附在记账凭证后面，且要折叠一致，排列整齐，不得单独装订

D．应在装订线上加盖封签

【答案】C

【解析】此题目为以前年度春考试题，考查的知识点为会计档案管理的要求，以前在会计凭证章节，现在放在了会计工作管理章节。

【例 6】将会计凭证划分为原始凭证和记账凭证两大类的主要依据是（　　）。

A．凭证填制的时间　　B．凭证填制的程序和用途

C．凭证取得的来源渠道　　D．凭证反映的经济内容

【答案】B

【解析】此题目为以前年度春考试题，考查的知识点为会计凭证分类，重点考查了会计凭证分类的“标准”，考查分类的“结果”很常见，不要忽略了分类“标准”的考查。

【例 7】下列凭证属于累计原始凭证的是（　　）。

A．增值税专用发票　　B．差旅费报销单

C．累计销售凭证　　　　　　　　　　D．材料耗用汇总表

【答案】C

【解析】此题目为以前年度春考试题，考查的知识点为原始凭证的分类，重点考查了一次原始凭证、汇总原始凭证和累计原始凭证的区分。

【例 8】企业与外单位签订的产品销售合同（　　）。

A．属于外来原始凭证　　　　　　　B．属于记账凭证

C．属于自制原始凭证　　　　　　　D．不是原始凭证

【答案】D

【解析】此题目为以前年度春考试题，考查的知识点为原始凭证的概念。

【例 9】下列各项中，属于外来原始凭证的是（　　）。

A．销售商品开具的增值税专用发票　B．银行结算凭证

C．入库单　　　　　　　　　　　　D．限额领料单

【答案】B

【解析】此题目为 2016 年度春考试题，考查的知识点为原始凭证的分类。这个知识点历年春考考查过多次，但是每次考查的实例都不同，所以靠记忆课本上的例子是无法解决的，还是要靠对概念的理解。

【例 10】下列不需要加盖填制单位公章的外来原始凭证是（　　）。

A．增值税专用发票　　　　　　　　B．火车票

C．出租车专用发票　　　　　　　　D．差旅费报销单

【答案】B

【解析】此题目为以前年度春考试题，考查的知识点为原始凭证的基本内容，准确地讲是考查了原始凭证基本内容的特例，特例共有三条，这只是其中的一条。

【例 11】下列不属于原始凭证内容的是（　　）。

A．原始凭证名称　B．经济业务内容　C．经办人签章　　D．注册会计师签章

【答案】D

【解析】此题目为以前年度春考试题，考查的知识点为原始凭证的基本内容，此题目考查时将财务报告的签章与会计凭证的签章进行了比较。

课堂练习

1．收料单属于（　　）。

A．外来原始凭证　　　　　　　　　B．自制原始凭证

C．累计原始凭证　　　　　　　　　D．汇总原始凭证

2．下列会计凭证，属于外来原始凭证的是（　　）。

A．限额领料单　　　　　　　　　　B．工资计算单

C．差旅费报销单　　　　　　　　　D．职工出差的火车票

3．下列不属于原始凭证的是（　　）。

A．发货票据　　B．借款借据　　　C．经济合同　　　D．运费结算凭证

4．下列单据中不能作为原始凭证的有（ ）。

A．发货票　　B．银行对账单

C．库存商品入库单　　D．工资单

5．经济业务发生时直接取得或填制的凭证是（ ）。

A．收付款凭证　　B．原始凭证

C．记账凭证　　D．合同协议

6．各种外来原始凭证都属于（ ）。

A．累计凭证　　B．一次凭证　　C．汇总凭证　　D．记账凭证

7．下列单据中，属于原始凭证的是（ ）。

A．折旧计算表　　B．销售合同

C．生产计划　　D．委托加工协议

8．以下不能作为原始凭证的是（ ）。

A．车间考勤记录　　B．材料请购单

C．产量记录单　　D．工资计算单

9．下列单据中，可以作为记账依据的是（ ）。

A．请购单　　B．购销合同

C．提货单　　D．发票

10．记录经济业务明确经济责任，并据以登记的书面证明文件是（ ）。

A．会计分录　　B．会计科目

C．会计凭证　　D．会计报表

11．下列单据中不属于原始凭证的是（ ）。

A．市内公共汽车票　　B．工资计算表

C．支票存根　　D．职工困难补助申请表

12．根据一定时期内反映相同经济业务的多张原始凭证，按一定标准经综合后一次填制完成的原始凭证是（ ）。

A．累计原始凭证　　B．一次原始凭证

C．汇总原始凭证　　D．分录凭证

13．“工资结算汇总表”是一种（ ）。

A．一次凭证　　B．累计凭证

C．汇总凭证　　D．复式凭证

14．会计人员对于不准确、不完整的原始凭证，应（ ）。

A．不予接受，并向单位负责人报告　　B．予以接受，并向单位负责人报告

C．予以退回，并要求更正和补充　　D．不予受理，并对经办人进行批评

15．下列原始凭证中，属于外来原始凭证的是（ ）。

A．入库单　　B．收到的收款收据

C．工资结算表　　D．差旅费报销单

16．原始凭证是由（ ）取得或填制的。

A．总会计　　B．业务经办单位或人员

C．会计主管　　　　　　　　　　　D．出纳人员

17．下列对外来原始凭证更正做法，正确的有（　　）。

A．金额错误的采用画线更正并加盖单位公章

B．金额错误的采用红字更正法更正

C．金额错误的退原开票单位重开

D．接受单位名称错误的自行更正加盖单位公章

18．下列凭证（　　）属于自制原始凭证。

A．购入的材料发票　　　　　　　　B．银行的现金交款单

C．差旅费报销单　　　　　　　　　D．车间开出的材料请购单

19．原始凭证按（　　）分类，分为一次凭证，累计凭证。

A．用途、填制程序　　　　　　　　B．形成来源

C．填制手续和方法　　　　　　　　D．填制程序

模块三　记账凭证

知识清单

1．记账凭证的概念。

原始凭证与记账凭证的比较：

不同点	原始凭证	记账凭证
填制人		
填制依据		
处理过程		
作用		
法律效力		

2．记账凭证的种类。

- 记账凭证
  - 专用记账凭证
    - 收款凭
    - 付款凭证
    - 转账凭证
  - 通用记账凭证

3．记账凭证的基本内容。

（1）____。

（2）____。

（3）____。

（4）____。
（5）____。
（6）____。
（7）____。
（8）____。

4．记账凭证的填制要求。

（1）____。
（2）____。
（3）____。
（4）____。
（5）____。
（6）____。
（7）____。
（8）____。
（9）____。
（10）____。
（11）____。

知识点解析

（1）记账凭证可以根据一张原始凭证填制。

（2）记账凭证也可以根据若干张同类原始凭证填制。

（3）记账凭证可以根据原始凭证汇总表填制。

（4）记账凭证不可以将不同内容和类别的原始凭证汇总填制一张记账凭证。

（5）记账凭证的日期填写有三种情况。

①现金收、付款业务：经济业务发生的日期（根据现金核算的要求日清日结，经济业务发生的日期和填制现金收、付款凭证的日期是一致的）。

②银行存款付款业务：开出银行付款结算凭证的日期（根据银行存款核算的要求日清日结，开出付款结算凭证的日期就是填制记账凭证的日期。开出付款结算凭证的日期和实际付款日期可能不一致）。

③银行存款收款业务：收到银行进账单或银行回执的戳记日期，也即经济业务发生的日期。收到进账单日期与戳记日期相隔较远的也可以按办理转账结算的日期填写，即填制记账凭证的日期。

④月末计提、分配费用、成本计算、转账业务一般在下月初进行，应按月末日期。

（6）记账凭证编号的基本原则：按月连续编号，不得跳号、重号。

①全一类编号法。

②分三类编号法。

③分五类编号法。

④分数编号法。

5．记账凭证的填制方法。

____。

知识点解析

记账凭证填制方法就是对记账凭证填制要求的具体运用，重点考查操作能力，在历年的春季高考中考查过多次。

6. 记账凭证的审核。

（1）______________________________。

（2）______________________________。

（3）______________________________。

（4）______________________________。

（5）______________________________。

经典例题解析

【例 1】下列有关记账凭证的填制要求，说法错误的是（　　）。

A. 可以将不同内容和类别的原始凭证汇总填制在一张记账凭证上

B. 在合计行填写金额合计时，应在金额最高位前填写人民币符号“¥”

C. 记账凭证的金额必须与所附原始凭证的金额相符

D. 记账凭证可以根据每一张原始凭证填制，也可以根据原始凭证汇总表填制

【答案】A

【解析】此题目为 2014 年春考试题，考查的知识点为记账凭证的填制要求——填制记账凭证的依据。填制记账凭证可以是一张原始凭证，也可以是多张同类原始凭证，或者是原始凭证汇总表，但不可以将不同内容和类别的原始凭证汇总填制为一张记账凭证。

【例 2】如果当月的月末计提、分配费用、成本计算、转账等业务在下月初进行，那么编制记账凭证的日期应当是（　　）。

A. 编制记账凭证的日期　　B. 当月最后一日的日期

C. 登记总账的日期　　D. 登记明细账的日期

【答案】B

【解析】此题目为 2015 年春考试题，考查的知识点为记账凭证的填制日期。记账凭证的填制日期共有三个，一是填制记账凭证的当天日期，二是经济业务发生的日期，三是月末的日期（当月最后一天的日期）。三个日期要根据不同的情况选用，月末计提、分配费用、成本计算、转账业务要选择月末日期。

【例 3】企业采购原材料一批，买价 4000 元，签发一张转账支票付款 2400 元，余款暂欠，应填制（　　）。

A. 付款凭证和转账凭证　　B. 收款凭证和转账凭证

C. 收款凭证和付款凭证　　D. 两张转账凭证

【答案】A

【解析】此题目为 2016 年度春考试题，考查的知识点为记账凭证的填制要求——确定何种记账凭证。根据确定记账凭证种类的原则：借方出现“库存现金”或“银行存款”科目，应选择收款凭证；贷方出现“库存现金”或“银行存款”科目，应选择付款凭证；借方、贷

方均为出现“库存现金”或“银行存款”科目，应选用转账凭证。此题目的会计分录是“一贷多借”的符合会计分录，应当将其分解为两个简单会计分录，然后再根据上述原则去确定记账凭证的种类。

【例 4】从银行提取现金，一般应填制（　　）。

A．现金收款凭证　　B．银行存款收款凭证

C．现金付款凭证　　D．银行存款付款凭证

【答案】D

【解析】此题目为以前年度春考试题，考查的知识点为记账凭证的填制要求——确定何种记账凭证。根据确定记账凭证种类的原则：借方出现“库存现金”或“银行存款”科目，应选择收款凭证；贷方出现“库存现金”或“银行存款”科目，应选择付款凭证；借方、贷方均为出现“库存现金”或“银行存款”科目，选用转账凭证。此题目按照上述原则填制收款凭证或付款凭证均可以，为了避免重复记账，规定此类情况一律填制付款凭证。这是硬性规定！

【例 5】为了分清会计事项处理的先后顺序，便于记账凭证与会计账簿之间的核对，确保记账凭证的完整，填制记账凭证时应符合的要求是（　　）。

A．依据真实　　B．日期正确　　C．连续编号　　D．简明扼要

【答案】C

【解析】此题目为 2016 年春考试题，考查知识点记账凭证的填制要求，属于直接考查。

【例 6】如果一张原始凭证涉及两张记账凭证，则（　　）。

A．不需要将原始凭证附在记账凭证后面

B．可以把原始凭证附在一张主要的记账凭证后面

C．把原始凭证分成两部分，分别附在两张记账凭证后面

D．将两张记账凭证粘到一起，把原始凭证附在第二张记账凭证后面

【答案】B

【解析】此题目为以前年度春考试题，考查的知识点为记账凭证的填制要求——所附原始凭证的规定。有关记账凭证附件的规定主要有两方面：一是附件张数的计算，可以是自然张数，也可以是汇总表的张数；二是关于一张原始凭证涉及多张记账凭证的处理，有的教材上称之为“原始凭证的分割”。此外没有原始凭证只有复印件是不可以作为原始凭证的，因为复印件不具备原始凭证的效力。

课堂练习

1．销售产品收到商业汇票一张，应该填制（　　）。

A．银收字记凭证　　B．现付字记凭证

C．转账凭证　　D．单式凭证

2．用转支票支付购货款，应填制（　　）。

A．现金付款凭证　　B．银行存款收据凭证

C．转凭证　　D．银行存款付款凭证

3．对于一笔经济业务需要编制多张记账凭证时，可采用（　　）。
A．字号编号法　　B．双重编号法
C．分数编号法　　D．分类编号法
4．企业向银行借入为期 1 年的借款，要填制（　　）。
A．付款凭证　　B．收款凭证
C．转账凭证　　D．原始凭证汇总表
5．为了分清会计事项处理的先后顺序，便于记账凭证与会计簿之间的核对，确保记凭证的完整无缺，填制记账凭证时，应当（　　）。
A．依据真实　　B．日期正确
C．连续编号　　D．简明扼要
6．结转完工入库产品的实际成本应编制（　　）。
A．转账凭证　　B．付款凭证
C．收款凭证　　D．原始凭证
7．某企业销售一批产品，部分货款存入银行，部分货款对方暂欠，应同时填制（　　）。
A．收款凭证和付款凭证　　B．收款凭证和转账凭证
C．付款凭证和转账凭证　　D．两种转账凭证
8．下列情况中，可以不附原始凭证的记账凭证是（　　）。
A．用于收款的记账凭证　　B．用于付款的记账凭证
C．用于结账和更正错的记账凭证　　D．用于转账的记账凭证
9．记账凭证与所附原始凭证的金额（　　）。
A．必须相等　　B．可能相等　　C．可能不相等　　D．一定不相等
10．下列经济业务，应该填制银行存款收款凭证的是（　　）。
A．销售产品一批，款未收
B．转让设备一台，收到转支票并已送交银行
C．购入材料一批，开出支票
D．将现金存入银行
11．编制记账凭证时应当对记账凭证连续编号，其目的之一是（　　）。
A．便于会计人员分工记账　　B．明确会计人员记账责任
C．说明会计事项发生时间　　D．分清会计事项处理顺序
12．借记“生产成本”，贷记“原材料”的会计分录应填制（　　）。
A．收款凭证　　B．付款凭证
C．转账凭证　　D．汇总记账凭证
13．编制记账凭证时，对记账凭证所附原始凭证的张数（　　）。
A．可以不反映　　B．是否反映由领导决定
C．有的可以反映，有的不必反映　　D．必须反映

项目五 账　簿

考纲要求

1. 理解账簿的概念、分类和基本构成。
2. 理解账簿的启用规则；掌握账簿的登记规则。
3. 掌握日记账、明细账和总账的设置和登记方法。
4. 理解总账和明细账的关系，掌握总账与明细账的平行登记。
5. 理解错账的查找方法；掌握错账的更正方法。
6. 掌握对账和结账的方法。

考纲分析

从历年春季高考试题来看，考查方式主要有两个：一是选择题；二是操作题。

1. 选择题主要是对账簿的分类、设置、登记以及对账、结账的知识点进行考查，既有知识的考查，也有利用知识解决问题能力的考查。

2. 操作题主要是对账簿登记、错账更正进行考查。错账更正的考查在历年春季高考中已出现过多次，账簿的登记日记账、总账、明细账都进行过考查，三栏式、多栏式、数量金额式也都出现过，并且还联系《财务会计》的知识进行了综合考查。

3. 2014年高考试题中共考查了10分，全部是选择题型。

4. 2015年高考试题中共考查了16分，选择题型6分，操作题型10分。

5. 2016年高考试题中共考查了6分，全部是选择题型。

模块一　认识账簿

知识清单

1. 账簿的概念。

（1）定义：___________________________________。

（2）账簿和账户的关系：账簿和账户的关系就是____________和______________的关系。

2．账簿的分类。

（1）按照用途划分。

账簿	定义	种类（详细分类）	备注　说明　举例
序时账簿			
分类账簿			
备查账簿			

“备注　说明　举例”栏重点总结一下每种账簿的特点和应用举例。例如，不需要编入资产负债表的账簿是哪个？

（2）按账簿外表形式划分。

名称	订本式账簿	活页式账簿	卡片式账簿
定义			
优点			
缺点			
使用范围			

（3）按照所使用的账页格式划分。

名称	三栏式账簿	多栏式账簿	数量金额式账簿	横线登记式账簿
定义				
基本结构				
作用				
适用范围				
举例				

3．账簿的基本构成。

（1）封面：主要内容是________________________________。

（2）扉页：主要内容是________________________________。

（3）账页：主要内容是________________________________。

知识点解析

封面内容就只有一个，其他两个内容都很多，不需要一一全部记住，可采用“识别记忆”，这样可以大大减小记忆的量。

经典例题解析

【例 1】下列明细账中，允许采用卡片式账簿的是（　　）。

A．固定资产明细账　　B．应收账款明细账

C．本年利润明细账　　D．实收资本明细账

【答案】A

【解析】此题目为 2016 年春考试题，考查的知识点为明细账的设置——账页格式的选择。要根据账户的性质不同选择账页格式，一般债权、债务明细账选用三栏式；收入、成本、费用明细账选用多栏式；存货明细账选用数量金额式；需要逐笔结算的经济业务的明细账选用横线登记式。有几个性质相近但是账页格式却不相同的实例要注意，应收账款、应付账款明细账选用三栏式，同是反映债权、债务的应收票据、应付票据明细账却要选用横线登记式。

【例 2】对于临时租入的固定资产（　　）。

A．应在分类账中登记　　B．应在备查账中登记

C．应在日记账中登记　　D．应在明细账中登记

【答案】B

【解析】此题目为以前年度春考试题，考查的知识点为备查账簿的设置原则。备查账簿的设置原则是，序时账、分类账中不能反映的要在备查账簿中反映，备查账的格式不固定，可以不根据记账凭证登记，即使没有设置备查账也不影响试算平衡。

【例 3】下列账簿中，不按账页格式划分的是（　　）。

A．横线登记式账簿　　B．三栏式账簿

C．活页式账簿　　D．多栏式账簿

【答案】C

【解析】此题目为以前年度春考试题，考查的知识点为账簿的分类。

【例 4】对于需要进行分项目具体反映的经济业务，应采用的账簿是（　　）。

A．三栏式账簿　　B．多栏式账簿

C．数量金额式账簿　　D．横线登记式账簿

【答案】B

【解析】此题目为以前年度春考试题，考查的知识点为账簿分类。账簿分类有多种分类“标准”也有多种分类“结果”，此处略带综合考查性，但难度不大。

课堂练习

1．“库存商品”总账采用的格式一般是（　　）。

A．三栏式　　B．多栏式　　C．数量金额式　　D．横线登记式

2．下列明细分类账中，最适宜用横线登记式账页格式的是（　　）。

A．营业外支出明细账　　B．其他应收款明细账

C．本年利润明细账　　D．生产成本明细账

3．“材料采购”可以采用下列哪种账簿（　　）。

A．三栏式　　B．多栏式　　C．数量金额式　　D．横线登记式

4．“原材料”明细账的格式一般采用（　　）。
A．数量金额式　B．横线登记式　C．三栏式　D．多栏式
5．按照经济业务发生时间的先后顺序逐日逐笔进行登记的账簿是（　　）。
A．总分类账簿　B．序时账簿
C．备查账簿　D．明细分类账簿
6．为了反映制造费用的构成项目，其明细分类账一般采用的账页格式是（　　）。
A．三栏式　B．数量金额式　C．多栏式　D．横线登记式
7．下列账户的明细分类账核算适用借方多栏式账页格式的是（　　）。
A．应收账款　B．库存商品　C．营业外收入　D．管理费用
8．明细分类账主要有三栏式、数量金额式、多栏式等格式，其划分的依据是（　　）。
A．按外表形式　B．按其用途
C．按提供指标的详细程度　D．按所使用的账页格式
9．下列明细账中，不宜采用三栏式账页格式的是（　　）。
A．应收账款明细　B．应付账款明细
C．生产成本明细　D．短期借款明细
10．从账簿的用途来看，“固定资产卡片”属于（　　）。
A．订本式账簿　B．备查账簿
C．序时账簿　D．分类账簿
11．下列账户的明细账，可在借、贷双方栏目下分别设置多栏的是（　　）。
A．制造费用　B．应交税费—应交增值税
C．其他业务收入　D．生产成本
12．对某些在序时簿和分类簿中未能记载的经济事项进行补充登记的簿是（　　）。
A．联合簿　B．序时簿　C．分类簿　D．备查簿

模块二　账簿的设置和登记

知识清单

1．账簿的启用和登记规则。
（1）启用规则：
①________________________________。
②________________________________。
③________________________________。

知识点解析

启用规则第二条中“顺序编订页数”：订本式账簿是在启用前就编订页数，活页式账簿也需要编订页数，只是装订后编订页码。

2．账簿登记规则。

（1）根据审核无误的会计凭证登记账簿，此为登记账簿的最基本规则。

（2）准确完整。

登记账簿过程中需要登记的内容有哪些？最容易忽视的是签章和记载账簿的页码。

（3）书写留空。

文字和数字书写应占格距的____________。为什么留空？

（4）顺序连续登记。

跳行、隔页的处理方法：____。

（5）正确使用蓝色和红色墨水。

可以使用红色墨水的情况：

①____。

②____。

③____。

④____。

（6）结计余额规范。

①按时结计余额，现金日记账和银行存款日记账应______结出余额，债券债务明细账和财产物资明细账_____都要结出余额，总账_____结出余额。

②结账的规范操作：有余额的，借或贷栏的填写_____；没有余额的，借或贷栏的填写_____，金额栏的填写_____。

（7）过次承前规范。

①过次承前操作规范____。

②“过此页”合计数的计算方法：

a．____。

b．____。

c．____。

（8）更正错账规范

知识点解析

八条账簿登记规则不是重点，重点是八条规则的具体要求。

3．库存现金日记账的设置和登记。

（1）登记依据。

①现金付款凭证（全部）；

②现金收款凭证（全部）；

③银行存款付款凭证（提取现金的特殊凭证）。

（2）账页格式：________________。

（3）登记人员：________________。

（4）登记要求：①逐日逐笔顺序登记。②日清日结，逐日核对，账实相符。

4．银行存款日记账的设置和登记。

（1）登记依据。

①银行付款凭证（全部）；

②银行收款凭证（全部）；

③现金付款凭证（送存现金的特殊凭证）。

（2）账页格式：________________________。

（3）登记人员：________________________。

（4）登记要求：________________________。

5．明细账的设置和登记。

（1）三栏式明细账的登记。

①登记依据：记账凭证及________________。

②账页格式：________________________。

③适用条件：________________________。

④登记方法及要求：____________________。

（2）数量金额式明细账的登记。

①登记依据：涉及财产物资的记账凭证及________________。

②账页格式：________________________。

③适用条件：________________________。

④登记方法及要求：____________________。

（3）多栏式明细账的登记。

①登记依据：记账凭证及________________。

②账页格式：________________________。

③适用条件：________________________。

借方设专栏；

贷方设专栏；

借方贷方均设专栏。

（4）横线登记式明细账的登记。

①登记依据：记账凭证及________________。

②账页格式：________________________。

③适用条件：________________________。

6．总账的设置和登记。

（1）登记依据：记账凭证及________、________。

（2）账页格式：________________________。

（3）登记方法及要求：__________________。

7．总账与明细账的平行登记。

（1）总账与明细账的关系。

①联系：a．________________________________。b．________________
________________________。

②区别：a．________________________________。b．________________

________________________。

（2）总账与明细账的平行登记。

平行登记要点：①________________________。②________________________。③________________________。④________________________。

（3）总账与明细账之间形成的勾稽关系。

关系式一：________________________。

关系式二：________________________。

关系式三：________________________。

关系式四：________________________。

经典例题解析

【例 1】下列关于总账与明细账的关系表述错误的是（　　）。

A．二者反映的经济业务内容相同

B．二者的作用相同

C．二者登账的原始依据相同

D．二者反映的经济业务内容详细程度不同

【答案】B

【解析】此题目为 2014 年春考试题，考查的知识点为总账与明细账的联系及平行登记的要点。

【例 2】下列必须采用订本式账簿的是（　　）。

A．总账　　B．原材料明细账

C．银行存款日记账　　D．应收票据备查账

【答案】C

【解析】此题目为 2014 年春考试题，考查的知识点为账簿的分类——按外形分类。日记账必须采用订本式账簿，总账一般采用订本式账簿，明细账采用活页式账簿。

【例 3】登记账簿时，不允许使用红色墨水书写的情况是（　　）。

A．冲销错账

B．在未设借贷等栏的多栏式账页中登记减少数

C．在银行存款日记账中登记减少数

D．在三栏式账户的余额栏前，如未印明余额方向的，在余额栏内登记负数余额

【答案】C

【解析】此题目为 2014 年春考试题，考查的知识点为账簿登记规则——使用红色墨水的规定。账簿登记中可以使用红色墨水的规定有：①冲销错账；②未设借贷等栏的多栏式账页中，登记减少书；③三栏式账户的余额栏前，如未印明余额方向的，在余额栏内登记负数余额；④其他规定可以使用红色墨水的情况。

【例 4】“预付账款”总账账户下设三个明细账户“预付账款——甲公司”期末借方余额为 30 000 元，“预付账款——乙公司”期末贷方余额为 10 000 元，“预付账款——丙公司”期末贷方余额为 50 000 元，则“预付账款”总账账户期末余额为（　　）。

A．借方 90 000 元　　B．借方 30 000 元

C．贷方 30 000 元　　D．贷方 60 000 元

【答案】C

【解析】此题目为 2015 年春考试题，考查的知识点为总账和明细账的关系——余额的勾稽关系。总账和明细账之间的勾稽关系可以用四个公式来表达：

①总账期初余额=所属的各明细账期初余额之和；

②总账借方发生额=所属的各明细账借方发生额之和；

③总账贷方发生额=所属的各明细账贷方发生额之和；

④总账期末余额=所属的各明细账期末余额之和。

【例 5】下列内容不体现在账簿扉页内的是（　　）。

A．单位名称　　B．启用日期

C．记账日期　　D．单位公章

【答案】C

【解析】此题目为 2015 年春考试题，考查的知识点为账簿启用规则——账簿启用表的内容。账簿扉页包括的内容还有很多，记忆起来有很大难度，但是 C 选项明显不可能是扉页的内容，因为记账日期是登记在账页中的不可能登记在扉页中。

【例 6】下列多栏式明细账中只在借方分设专栏的是（　　）。

A．“主营业务收入”明细账

B．“本年利润”明细账

C．“应缴税费——应交增值税”明细账

D．“生产成本”明细账

【答案】D

【解析】此题目为 2015 年春考试题，考查的知识点为明细账的设置与登记——多栏式明细账的设置与登记。多栏式明细账的设置有三种情况：一是在借方设置专栏，主要适用于成本费用类的明细账，如生产成本、制造费用、管理费用、财务费用等。二是在贷方设置专栏，主要适用于收入收益类的明细账户，如主营业务收入、其他业务收入、营业外收入等。三是在借贷方均设置专栏，主要有本年利润、利润分配、应交税费——应交增值税等。此知识点在历年的春考中考查过多次了，都是考查了在借方、贷方或者借贷双方设置专栏的有哪些明细账户，具体到某一个账户需要设置哪几个专栏一直没有考查过，大家要小心了。

【例 7】库存商品明细账通常采用（　　）。

A．三栏式　　B．多栏式

C．数量金额式　　D．横线登记式

【答案】C

【解析】此题目为以前年度春考试题，考查的知识点为明细账的设置与登记——数量金

额式明细账的设置与登记。属于直接考查，没有什么变化。

【例 8】下列账户的明细账，可以在借、贷双方栏目下分别设置多栏的是（ ）。

A．本年利润　　B．短期借款

C．库存商品　　D．应收账款

【答案】A

【解析】此题目为以前年度春考试题，考查的知识点为明细账的设置与登记——多栏式明细账的设置与登记。考查的变化及趋势已在前面解析过，在此不再赘述。

【例 9】“应付账款”明细账一般采用（ ）。

A．订本式账簿，多栏式账页　　B．活页式账簿，横线登记式账页

C．活页式账簿，数量金额式账页　　D．活页式账簿，三栏式账页

【答案】D

【解析】此题目为以前年度春考试题，考查的知识点为明细账的设置与登记。略带综合性，就是把账页格式的选择与账簿外形结合在一起去考查，属于两个知识点的简单合并。

【例 10】银行存款日记账是根据有关的收、付款凭证登记的，其登记人员应为（ ）。

A．销售人员　　B．出纳人员

C．稽核人员　　D．保管人员

【答案】B

【解析】此题目为以前年度春考试题，考查的知识点为日记账的设置与登记——银行存款日记账的设置与登记。日记账的登记可以总结为：“谁”依据“什么”“如何”登记。“谁”“什么”“如何”都可以作为考查的知识点。

【例 11】下列明细分类账中，最适宜用横线登记式账页格式的是（ ）。

A．营业外支出明细账　　B．其他应收款明细账

C．本年利润明细账　　D．生产成本明细账

【答案】B

【解析】此题目为以前年度春考试题，考查的知识点为明细账的设置与登记——横线登记式明细账的设置与登记。选项 B 是课本上列举的横线登记式明细账的典型代表，没有什么难度，属于直接考查。

【例 12】库存现金日记账一般采用（ ）。

A．活页式账簿、三栏式帐页　　B．活页式账簿、多栏式帐页

C．订本式账簿、三栏式帐页　　D．订本式账簿、数量金额式帐页

【答案】C

【解析】此题目为 2016 年度春考试题，考查的知识点为日记账的设置与登记。略带综合性，就是把账页格式的选择与账簿外形结合在一起去考查，属于两个知识点的简单合并。

【例 13】下列有关对总分类账与明细分类账平行登记要点描述错误的是（ ）。

A．依据相同　　B．方向相同

C．时间相同　　D．金额相等

【答案】C

【解析】此题目为以前年度春考试题，考查的知识点为总账和明细账平行登记的要点。主要考查了对四个要点的理解是否到位，也有玩文字游戏的“嫌疑”。

【例 14】每一张账页记录结束，转入下一页登记时，对只需结计本年累计发生额的账户结计“过次页”的本页合计数应当（　　）。

A．为自本页初起至本页末止的发生额合计数

B．为自本年初起至本页末止的累计数

C．为自本年初起至本年末止的发生额合计数

D．只将每页末（倒数第二行）的余额结转次页

【答案】B

【解析】此题目为以前年度春考试题，考查的知识点为账簿登记规则——转页手续的操作方法。对于“三类”不同性质的账户转页时有不同的操作方法，历年春考试题考查过多次，都考查了三类不同性质账户转页的操作方法，但是都没有考查具体的账户如何转页操作，换句话说，就是只是考查到了“类”，没有考查到具体的账户。大家要引起注意。

【例 15】一般在“借方”或者“贷方”栏下设立若干专栏，也可在借、贷双方栏下分别设立若干栏，以便具体、详细地记录反映某项资金的增减变动情况的是（　　）。

A．三栏式明细分类账　　B．数量金额式明细分类账

C．多栏式明细分类账　　D．横线登记式明细分类账

【答案】C

【解析】此题目为以前年度春考试题，考查的知识点为多栏式明细账的概念。

【例 16】企业如需反映每一种原材料增加、减少和结存情况，应开设的账簿是（　　）。

A．总分类账　　B．序时账　　C．明细分类账　　D．备查账

【答案】C

【解析】此题目为以前年度春考试题，考查的知识点为总账与明细账的关系——明细账对总账起补充说明的作用。总账只能反映原材料总的增加、减少和结存情况，无法反映每一种材料的增加、减少和结存情况。

【例 17】下列账户的明细账户，一般不采用三栏式账页格式的是（　　）。

A．应收账款　　B．生产成本　　C．实收资本　　D．银行存款

【答案】B

【解析】此题目为以前年度春考试题，考查的知识点为明细账的设置与登记——三栏式明细账的设置与登记。可以用“直选法”得到答案 B，因为 B 选项是采用多栏式账页格式。但是假如采用“排除法”就会遇到一个问题，“银行存款”明细账是哪个账？什么格式的？“银行存款”利用“银行存款日记账”进行明细核算，也是三栏式。

课堂练习

1．现金日记账的登记要求不包括（　　）。

A．会计人员负责登记　　B．以审核无误的收付款凭证为依据

C．逐日逐笔登记　　D．必须逐日结出余额

2．登记总账的间隔时间为（　　）。

A．三五天　　B．一二天　　C．二三天　　D．五六天

3．多栏式明细账格式一般适用于（　　）。

A．债权、债务类账户　　B．财产物资类账户

C．费用成本类和收入成果类账户　　D．货币资产类账户

4．现金日记的借方除了根据现金收款凭证登记外，有时还要根据（　　）登记。

A．银行存款付款凭证　　B．银行存款收款凭证

C．现金付款凭证　　D．转账凭证

5．账簿启用登记表中不包括（　　）项目。

A．使用者名称　　B．责任者盖章

C．印花税票　　D．错账更正记录

6．登记债权债务明细的时间间隔为（　　）。

A．三五天　　B．一二天　　C．二三天　　D．每天

7．登记账簿的依据是（　　）。

A．经济业务　　B．原始凭证　　C．记账凭证　　D．会计报表

8．必须每日结出余额的账簿是（　　）。

A．明细账　　B．总账　　C．现金日记账　　D．备查账

模块三　错账的查找与更正

知识清单

1．错账查找的方法。

（1）顺差法。

①定义：________________________________。

②优缺点：______________________________。

③适用条件：____________________________。

（2）逆查法。

①定义：________________________________。

②优缺点：______________________________。

③适用条件：____________________________。

（3）个别抽查法。

①差数法。

适用条件：______________________________。

操作方法：______________________________。

②尾数法。

适用条件：______________________________。

操作方法：________________。
③除二法。
适用条件：________________。
操作方法：________________。
④除九法。
适用条件：________________。
操作方法：________________。
2．错账更正方法。
（1）画线更正法。
适用条件：________________。
操作方法：________________。
（2）红字全部冲销法。
适用条件：________________。
操作方法：________________。
（3）红字部分冲销法。
适用条件：________________。
操作方法：________________。
（4）补充登记法。
适用条件：________________。
操作方法：________________。

知识点解析

有些情况下会出现两种更正方法都可以，但是各有优缺点。例如：记账凭证应借应贷账户名称、方向都没有错误，只是金额少记。此错误既可以用补充登记法进行更正，也可以用红字全部冲销法进行更正。优缺点分别是什么？

模块四　对账与结账

知识清单

1．对账的内容。
（1）账证核对：________________。
（2）账账核对：
①________________。
②________________。
③________________。
④________________。
（3）账实核对：

①________________________________。
②________________________________。
③________________________________。
④________________________________。

知识点解析

（1）对账内容的“三个核对”中彼此的关系。

（2）账账核对与账实核对中的核对账目法有什么不同？一定要区分开来。

2．结账。

（1）概念：结账是指在______________基础上，按规定的方法将各种账簿的记录进行小结，计算并记录各账户的______________和______________。

（2）结账前的准备工作：

①______________________。
②______________________。
③______________________。

（3）结账的方法：

①总账的结账方法______________。
②日记账和需要按月结计发生额的明细账的结账方法______________。
③不需要按月结计发生额的明细账的结账方法______________。
④需要结计本年累计发生额的收入成本等明细账的结账方法______________。
⑤结转到下一年度的结账方法______________。

知识点解析

每一种结账方法的相同点是：①对余额的结计都一样。②都要进行月结、季结和年结。

不同点是：不同的账户对发生额的结账要求不一样。

3．账簿的年终更换。

经典例题解析

【例 1】下列关于结账的说法正确的是（　　）。

A．12 月末，结计全年累计发生额时，在“本年累计”栏下画通栏单红线

B．12 月末，结计全年累计发生额时，在“本年累计”栏下画通栏双红线

C．需结计当月发生额的，只需在最后一笔经济业务下画通栏单红线，无须再结计余额。

D．需结计当月发生额的，只需在最后一笔经济业务下画通栏双红线，无须再结计余额。

【答案】B

【解析】此题目为 2014 年春考试题，考查的知识点为结账的操作。结账的操作内容较多，分为月结、季结、年结；还可以分为总账账户的结账、日记账的结账、需要按月结计发生额的结账、不需要按月结计发生额的结账、需要按年结计发生额的结账、结转到下一年度的结账方法，此处只考查了一个很小的方面，大家要综合理解掌握结账的操作。

【例 2】下列属于账账核对的是（　　）。

A．企业债权债务明细账与债权债务单位账面记录核对

B．银行存款日记账与开户银行对账单核对

C．财产物资明细账与财产物资保管账核对

D．财产物资明细账与财产物资实存数核对

【答案】C

【解析】此题目为 2015 年春考试题，考查的知识点为对账的内容，把账实核对的内容结合考查。请大家一定牢记：对账是本单位的账与本单位的账核对。

【例 3】会计人员根据记账凭证登账时，误将 89 000 元记为 98 000 元，更正这种错误应采用（　　）。

A．画线更正法　　B．红字冲销法

C．补充登记法　　D．除九法

【答案】A

【解析】此题目为以前年度春考试题，考查的知识点为错账的更正——更正方法的选择。D 选项属于错账查找的方法，不是错账的更正方法，ABC 选项虽说都是错账更正方法，但是每一种方法都有适用条件，只有 A 选项符合题目要求。在此提醒大家要深刻理解、牢固记忆每一种错账更正方法的适用条件及操作方法，课本上都有明确的阐述，就不再赘述。

【例 4】对于查找错账的“除二法”和“除九法”，下列描述正确的是（　　）。

A．除二法适用于查找“串户”或“倒码”类型的错账

B．除二法适用于查找“反方”或“错位”类型的错账

C．除九法适用于查找“错位”或“倒码”类型的错账

D．除九法适用于查找“串户”或“反方”类型的错账

【答案】C

【解析】此题目为以前年度春考试题，考查的知识点为错账查找——错账查找方法的选择。重点考查了什么样的错误适合用什么方法查找，历年春考试题中已考查过多次，但是对具体查找的操作方法没有考查过，大家要引起注意。

【例 5】为了查明其债权债务明细，需要将企业的债券债务明细账余额与对方单位的账面记录进行核对，这是对账工作中的（　　）。

A．账实核对　　B．账账核对

C．账证核对　　D．账表核对

【答案】A

【解析】此题目为 2016 年度春考试题，考查的知识点为账实核对的内容，也可以说是财产清查范围的考查。

【例 6】记账后，经核对发现记账凭证上所记的会计科目错误，且所记金额小于实际金额，造成账簿记录错误，则应采用的错账更正方法是（　　）。

A．红字冲销法　　B．补充登记法

C．画线更正法　　D．红字冲销法和补充登记法

【答案】A

【解析】此题目为以前年度春考试题，考察的知识点为错账的更正——更正方法的选

择。考查的重点是每一种错账更正方法的适用条件。

【例7】年度结账时，除在摘要栏注明“本年累计”字样外，还应在该行下面画（ ）。

A．一条通栏红线　　B．两条通栏红线

C．三条通栏红线　　D．四条通栏红线

【答案】B

【解析】此题目为以前年度春考试题，考查的知识点为结账的方法——年度结账的方法。当然年度结账的操作方法考查的知识点有很多，此处只是考查了红线的使用方法。

【例8】下列关于结账的说法正确的是（ ）。

A．年度终了结账后必须更换所有的账簿

B．只需结出各种账簿的期末余额即可

C．年结时，部分总账账户应当结出全年发生额和年末余额

D．年结时，除在摘要栏注明“本年累计”字样外，还应在该行下面画两条通栏红线

【答案】D

【解析】此题目为以前年度春考试题，考查的知识点为结账的方法——年度结账的方法。比上一例题考查的面“稍广”。考查的知识点是相同的。

【例9】采用补充登记法更正错账时，（ ）。

A．应编制红字记账凭证　　B．应编制蓝字记账凭证

C．应编制蓝字和红字记账凭证　　D．不需编制记账凭证

【答案】B

【解析】此题目为以前年度春考试题，考查的知识点为错账更正——错账更正的操作方法。错账更正的操作方法在历年的春考中以选择题的形式考查过，操作题的形式也考查过，并且都不只一次，请大家引起注意。

课堂练习

1．记账后，经核对发现记账凭证上所记的会计科目错误，且所记金额小于实际金额，造成账簿记录错误，则应采用的错账更正方法是（ ）。

A．红字冲销法和补充登记法　　B．补充登记法

C．画线更正法　　D．红字冲销法

2．账实核对要求账面资料与（ ）进行核对。

A．原始凭证　　B．记账凭证　　C．日记账　　D．财产实有数

3．用现金支付职工医药费238元，编制的付款凭证为借记应付职工薪酬——福利费283元，贷记现金283元，并已登记入财。发现记账错误，更正时应采用的更正方法是（ ）。

A．画线更正法　　B．红字更正法

C．补充登记法　　D．重编正确的付款凭证

4．下述情况中，如果在结账前发现账簿记录发生错误，可以采用画线更正法的是（ ）。

A．记账凭证未错，登记账簿有误

B．记账凭证除金额比实际多外，其他项目未错

C．记账凭证除金额比实际少外，其他项目未错

D．记账凭证除会计科目错误外，其他项目未错

5．某会计人员根据记账凭证登记入账时，误将近 600 元，填写为 6000 元，而记账凭证无误，应用（　　）予以更正。

A．红字冲销法　B．补充登记法　C．画线更正法　D．黑字更正法

6．若记账凭证上的会计科目和应借应贷方向未错，但所记金额大于应记金额并据以登记入账，对此应采用（　　）更正

A．画线更正法　B．红字冲销法　C．补充登记法　D．编相反分录冲减

7．下列各项，可以采用除 2 法查找错误的有（　　）。

A．将“应收账款”科目借方的 5000 元误记为 500 元

B．将“库存现金”科目借方的 76 元误记为 67 元

C．将“应收账款”科目借方的 5000 元误记入贷方

D．将“库存现金”科目贷方的 708 元误记为 807 元

8．登记簿过程中，每一页的最后一行及下一页的第一行都要办理转页手续，是为了

A．便于查账　B．防止遗漏　C．防止隔页　D．保持记录的连续性

9．某会计人员记账时，将应计入“生产成本”科目借方的 6 000 元误记入贷方。会计人员在查找该项错误时，在下列方法中，应采用的方法是（　　）。

A．差数法　B．尾数法　C．除 2 法　D．除 9 法

10．年度结账时，除结算出本年四个季度的发生额合计数，记入第四季度季结的下一行，在摘要栏注明“本年累计”字样外，还应在该行下面画（　　）红线。

A．一道　B．双道　C．三道　D．四道

11．下列错误，可以用画线更正的是（　　）。

A．发现记账凭证金额错误，并已登记入账

B．发现记账凭证无误，但账簿登记中有误

C．发现记账凭证中的科目用错，并据以登记入账

D．填制记账凭证后，记账之前发现凭证有误

项目六

财产清查

考纲要求

1．理解财产清查的概念、作用、范围及种类。

2．掌握财产物资的盘存制度和财产清查的方法。

3．掌握财产清查的账务处理。

考纲分析

从历年的春季高考试题来看，财产清查章节考查的主要方式有三个：一是选择题；二是操作题；三是业务题（会计分录）。复习时要注意：

1．选择题考查的重点为财产清查的概念、种类、范围和程序。

2．操作题考查的重点就是银行存款余额调节表。

3．业务题考查的重点在财产清查结果的账务处理，也出现过用选择题的形式考查业务题的知识点。

4．2014年春季高考试题中出现了两个选择题，计4分。

5．2015年春季高考试题中出现了一个选择题，计2分。

6．2016年春季高考试题中出现了两个选择题，计4分。

模块一　财产清查概述

知识清单

1．财产清查的概念。

财产清查就是指通过对货币资金、________和_______的盘点、核对或查询，查明某一时点的_________数，并与_________核对，确定账实是否相符的一种会计核算方法。

2．财产清查的作用。

①____。

②____。

③____。

④________________________________。

（3）财产清查的范围。

货币资金、实物资产、债权债务和__________。

知识点解析

（1）属于本单位所有但不存放在本单位的财产物资。

（2）本单位借用的或其他单位暂时存放在本企业的财产物资。

（3）财产清查不仅仅是清查数量，对实物资产的质量也要进行清查。

（4）财产清查的种类。

①按财产清查的范围和对象分类。

种类	全面清查	局部清查
定义		
特点		
适用条件		

②按清查时间划分。

种类	定期清查	不定期清查
定义		
特点		
适用条件		

模块二　财产物资盘存制度和财产清查的方法

知识清单

1．财产物资盘存制度。

种类	永续盘存制	实地盘存制
定义		
计算公式		
优点		
缺点		

2．财产清查的方法。

（1）实物资产的清查。

①清查的方法：__________________；__________________________。

②清查的程序及注意事项：

a．通过盘点或测算确定"实存数"，然后填制"盘存单"。

注意事项：盘点时保管人员必须在场，盘点人员和保管人员都必须在盘存单上签字或盖章。

盘存单属于财产清查的原始凭证，但不可以据此调整账簿记录。

b．根据盘存单和实物资产明细账余额填制"账存实存对比表"。

注意事项：可以根据账存实存对比表调整账簿记录。

盘盈或者盘亏的判断。

盘盈或者盘亏的原因应如何反映（在哪个栏目中反映）。

c．对于委托外单位加工、保管的材料、商品等清查的方法。

知识点解析

（1）对于这部分财产物资的清查，有的课本中用了"询证的方法"，有的课本中用了"函证的方法"，这些叫法只是关注了清查的形式或程序。其实质和银行存款的清查方法是一样的，都是通过"核对账目"进行的。

（2）此处的核对账目与账簿中所讲的核对账目是有不同的：此处的核对账目都是本单位的账目与外单位的账目核对，账簿中的账目核对都是本单位的账目与本单位的账目核对。

（2）货币资金的清查。

①库存现金的清查。

清查方法：________。

程序及注意事项：

盘点时出纳员必须在场。

根据盘点数和现金日记账余额核对后，填制库存现金盘点报告表，可以据此调整账簿记录。

库存现金的清查不仅仅清查数量，还应清查有无违反现金使用规定的情况。

出纳员每日必须进行现金的清点。

②银行存款的清查。

a．清查方法：核对账目法，即____________与____________核对。

b．未达账项的概念：____。

c．未达账项的种类：________________________；____________________；____________________；____________________。

d．银行余额调节表的编制。

知识点解析

（1）银行余额调节表的编制曾是操作题的重点考查对象，随着 2014 春季高考中增加技能考试项目后，在理论考试中操作题就不再考查了，但是 2015 年春季高考理论考试试卷中再次出现了操作题，要引起大家的注意。

（2）银行余额调节表考查的最大难度就是给出"银行存款日记账"和"对账单"，先找出未达账项后编制余额表。

e．银行余额调节表的作用。

表明企业可以支用的银行存款实有数额。

不可据此调整整部记录只有收到有关凭证后才可以调账。

③往来款项的清查。

清查方法：询证法（核对账目法）。

经典例题解析

【例 1】实地盘存制下，确定财产物资结存数量是根据（　　）。

A．账簿记录　　B．实地盘点结果　　C．会计凭证　　D．会计报表

【答案】B

【解析】此题目为以前年度春考试题，考查的知识点为财产物资盘存制度——财产物资盘存制度的优缺点。

【例 2】财产清查中发现的定额内自然损耗，应计入（　　）。

A．管理费用　　B．制造费用　　C．营业外支出　　D．其他应收款

【答案】A

【解析】此题目为以前年度春考试题，考查的知识点为财产清查结果的账务处理——流动资产盘亏的处理“第二步”。考查的重点为流动资产盘亏，要区别不同的原因分别转入不同的账户。

【例 3】银行对账单余额为 25 000 元，企业已收、银行未收的款项为 2 200 元，企业未收、银行已收的款项为 1500 元，企业已付、银行未付的款项为 1600 元，则调整后的存款余额为（　　）。

A．25 600 元　　B．24 100 元

C．28 200 元　　D．25 700 元

【答案】A

【解析】此题目为以前年度春考试题，考查的知识点为银行存款的清查——银行存款余额调节表的编制方法。准确的说法应该是“部分”银行存款余额调节表的编制方法。伴随着历年来春季高考试题难度的不断加大，把过去分值较高的知识点变为分值较低的形式去考查，以此来加大难度、加大题量，此处为典型手段之一。

【例 4】会导致单位银行存款日记账余额大于开户银行对账单余额的未达账项是（　　）。

A．单位已收，银行未收款项与银行已收，单位未收款项

B．单位已付，银行未付款项与银行已付，单位未付款项

C．单位已收，银行未收款项与银行已付，单位未付款项

D．单位已付，银行未付款项与银行已收，单位未收款项

【答案】C

【解析】此题目为 2014 年春考试题，考查的知识点为银行存款余额调节表的编制。但没有直接考查，属于综合运用的考查。

【例 5】下列关于银行存款余额调节表的阐述正确的是（　　）。

A．银行存款余额调节表调节后的余额一定等于企业银行存款日记账余额

B．银行存款余额调节表调节后的余额一定等于开户银行对账单余额

C．银行存款余额调节表是原始凭证，可以根据此表编制记账凭证和调整账簿记录

D．银行存款余额调节表不是原始凭证，不能根据此表编制记账凭证和调整账簿记录

【答案】D

【解析】此题目为 2014 年春考试题，考查的知识点为银行存款余额调节表的编制方法及银行存款余额调节表的作用。

【例 6】为了及时掌握各项财产物资的增减变动和结存情况，企业一般应采用（　　）。

A．权责发生制　　B．实地盘存制　　C．收付实现制　　D．永续盘存制

【答案】D

【解析】此题目为以前年度春考试题，考查的知识点为财产物资盘存制度的优缺点。

【例 7】银行存款余额调节表是（　　）。

A．列示银行和本单位未达账项情况的表格

B．通知银行更正错误的依据

C．更正本单位银行存款日记账记录的依据

D．调整银行存款账簿记录的原始依据

【答案】A

【解析】此题目为以前年度春考试题，考查的知识点为银行存款余额调节表的作用。

【例 8】对家电企业的产成品仓库进行财产清查，一般采用的清查方法是（　　）。

A．实地盘点法　　B．账实核对法　　C．账卡核对法　　D．技术测算盘点发

【答案】A

【解析】此题目为 2016 年度春考试题，考查的知识点为财产物资清查方法的选择。针对不同的财产物资特点，选择不同的清查方法。

【例 9】保管人员调动时进行的财产清查属于（　　）。

A．定期清查和局部清查　　B．不定期清查和局部清查

C．定期清查和全面清查　　D．不定期清查和全面清查

【答案】B

【解析】此题目为以前年度春考试题，考查的知识点为财产清查的种类，此处考查的是“重叠”分类。也就是说同一项财产清查工作，根据不同的分类“标准”会隶属不同的清查种类。

【例 10】对库存现金清点后应将清查结果填入（　　）。

A．账存实存对比表　　B．盘存单

C．库存现金盘点报告表　　D．银行余额调节表

【答案】C

【解析】此题目为 2016 年度春考试题，考查的知识点为财产清查的方法——实物资产清查的程序。库存现金在清查过程中会出现哪些原始凭证？原始凭证又是如何填制的？分别有什么作用？这些知识点都很重要，请大家一一搞清楚。

【例 11】下列对永续盘存制的描述不正确的是（　　）。

A．又称账面盘存制

B．会计核算工作量大

C．计算公式为：本期减少数=期初账面余额+本期账面增加数-本期实际结存数

D．计算公式为：期末账面余额=期初账面余额+本期账面增加数合计-本期减少数

【答案】C

【解析】此题目为以前年度春考试题，考查的知识点为财产物资盘存制度——两种财产物资盘存制度的比较。

【例 12】往来账款的清查方法是（　　）。

A．实地盘点法　　B．技术测算法

C．与开户银行核对账目法　　D．询证核对法

【答案】D

【解析】此题目为以前年度春考试题，考查的知识点为财产物资清查方法——往来款项的清查方法。属于直接考查。

【例 13】清查往来款项时，如果有未达账项应当（　　）。

A．直接进行账簿调整

B．进行调整，然后编制对账单

C．进行调整，待收到正式凭证后再编制对账单

D．编制往来款项目调节表，待收到正式凭证后再做账簿调整

【答案】D

【解析】此题目为以前年度春考试题，考查的知识点为财产清查方法——往来款项清查方法。

课堂练习

1．银行存款日记账余额为 56 000 元，调整前银行已收、企业未收的款项为 2000 元，企业已收、银行未收的款项为 1200 元，银行已付、企业未付款项为 3000 元，则调整后存款余额为（　　）元。

A．56 200　　B．55 000　　C．58 000　　D．51 200

2．实地盘存制下，确定财产物资结存数量是根据（　　）。

A．账簿记录　　B．实地盘点结果　　C．会计凭证　　D．会计报表

3．为了及时掌握各项财产物资的增减变动和结存情况，企业一般应采用（　　）。

A．权责发生制　　B．实地盘存制　　C．收付实现制　　D．永续盘存制

4．某企业在财产清查中，盘盈材料一批，原因待查，此时，应根据（　　）进行会计账务处理。

A．账存实存对比表　　B．盘存单

C．进货单　　D．发货单

5．出纳员每日业务终了对现金进行的清点属于（　　）。

A．局部清查和不定期清查　　B．全面清查和定期清查

C．局部清查和定期清查　　D．全面清查和不定期清查

6．清查库存现金一般采用（　）。

A．核对账目法　B．实地盘点法　C．余额调节法　D．永续盘存法

7．采用实地盘存制，平时对财产物资（　）。

A．只登记收入数，不登记发生数　　B．只登记发出数，不登记收入数

C．先登记收入数，后登记发出数　　D．先登记发出数，后登记收入数

8．现金清查时，在盘点结束后应根据盘点结果，编制（　）。

A．盘存单　　B．实存账存对比表

C．现金盘点报告表　　D．对账单

9．企业银行存款日记账与银行对账单的核对，属于（　）。

A．账实核对　B．账证核对　C．账账核对　D．账表核对

10．财产物资的盘存制度有（　）。

A．权责发生制　　B．收付实现制

C．永续盘存制、实地盘存制　　D．应计制、现金制

11．财产清查的目的是达到（　）。

A．账账相符　B．账证相符　C．账实相符　D．账表相符

12．财产物资的盘盈是指（　）。

A．账存数大于实存数　　B．实存数大于账存数

C．由于记账差错多记的金额　　D．由于记账差错少记的金额

13．下列可作为原始凭证，但不能据以调整簿记录的有（　）。

A．库存现金盘点表　　B．银行存款余额调节表

C．盘存单　　D．账存实存对比表

14．记录各项财产物资的盘点结果并据以调整面记录的原始凭证是（　）。

A．入库单　B．出库单　C．领料单　D．实存账存对比表

15．产生未达账项的原因是（　）。

A．双方结账时间不一致　　B．双方记账时间不一致

C．双方对账时间不一致　　D．双方记账金额不一致

16．对银行存款的清查 一般采用（　）法。

A．实地盘点　B．核对账目　C．技术推算　D．询证法

17．月末，企业银行存款的实有余额应是（　）。

A．银行对账单上所列余额　　B．月末，银行存款调节表调节后余额

C．银行存款日记账余额　　D．对账单和银行存款日记账余额的平均数

18．各种应付账款、应收账款的清查方法一般采用（　）。

A．实地盘点法　　B．核对账项

C．询证法　　D．技术测定法

19．在对财产物资实物进行清查后，应将盘点结果如实填入（　）。

A．盘存单　　B．存实存对比表

C．库存现金盘点表　　D．银行存款余额调节表

20．“待处理财产损溢”账户属于（　　）账户。

A．损益类　　B．资产类　　C．成本类　　D．所有者权益类

21．账实核对要求账面资料与（　　）进行核对。

A．原始凭证　　B．记账凭证　　C．日记账　　D．财产实有数

22．下列各项财产清查中，属于全面清查的是（　　）。

A．企业合并时的清查　　B．出纳人员调离岗位时的清查

C．对各种贵重物品的清查　　D．对债权债务的清查

模块三　财产清查的账务处理

知识清单

1．财产清查结果的处理步骤。

第一步：________________________________。

第二步：________________________________。

2．“待处理财产损溢”账户设置。

名称	性质	核算内容	借方登记内容	贷方登记内容	余额

注意：明细账的名称与设置。

3．财产清查结果的账务处理。

（1）固定资产：____________________________。

①盘盈：________________________________。

②盘亏：________________________________。

（2）存货：______________________________。

①盘盈：______________________________。

②盘亏：______________________________。

（3）现金长短款：________________________。

（4）往来款项：__________________________。

知识点解析

（1）财产清查结果的账务处理：

第一步基本就是程式化的处理，较为简单。

第二步是将“待处理财产损溢”结平。要分不同的情况转入不同的账户，重点是要理解什么情况转入什么账户。

（2）财产清查结果的账务处理要联系《企业财务会计》中货币资金清查、存货清查、固定资产清查综合掌握。

（3）存货清查中还有可能联系《税法》中的内容，所以也要综合去掌握。

经典例题解析

【例 1】固定资产盘亏时，应通过下列哪个账户来调整（　　）。

A．“以前年度损益调整”账户　　B．“待处理财产损溢”账户

C．“固定资产清理”账户　　D．“累计折旧”账户

【答案】B

【解析】此题目为 2015 年春考试题，考查的知识点为财产清产结果账务处理——固定资产盘亏的账务处理。固定资产盘亏的账务处理一定会涉及“待处理财产损溢”有时也可能涉及“累计折旧”，例如，盘亏使用过的旧的固定资产，如果是盘亏新的固定资产就不会涉及“累计折旧”。

【例 2】根据企业会计制度规定，企业发生现金长短款，查明原因前核算的账户是（　　）。

A．其他应收款　　B．其他应付款

C．管理费用　　D．待处理财产损溢

【答案】D

【解析】此题目为以前年度春考试题，考查的知识点为财产清查结果的账务处理。查明原因前就是指的清查结果账务处理的“第一步”。故选择 D。

课堂练习

1．财产清查中发现的定额内自然损耗，应计入（　　）。

A．管理费用　　B．制造费用　　C．营业外支出　　D．其他应收款

2．由于计量不准造成的盘盈存货，批准后，应贷记（　　）科目

A．待处理财产损溢　　B．营业外收入

C．营业外支出　　D．管理费用

3．库存材料发生非常损失、批准转账后应计入（　　）账户。

A．营业外支出　　B．管理费用

C．利润　　D．其他业务支出

4．由于非正常原因造成的固定资产盘亏，批准后，净损失应借记（　　）科目。

A．待处理财产损溢　　B．营业外收入

C．营业外支出　　D．累计折旧

5．存货发生定额内损耗，在批准处理前，应记入（　　）科目。

A．待处理财产损溢　　B．营业外收入

C．营业外支出　　D．累计折旧

项目七

财务报表

考纲要求

1．了解财务报表的意义；理解财务报表的种类和编制要求。

2．理解资产负债表和利润表的概念、作用和结构。

3．掌握资产负债表和利润表的编制方法。

4．了解财务报表的报送、审批和汇总。

考纲分析

从历年的春季高考试题来看，财务报表章节考查的主要方式有三个：一是选择题；二是操作题；三是计算题。复习时要注意：

1．选择题考查的重点为财务报表的概念、种类、编制要求，以及资产负债表和利润表的结构、作用。

2．操作题的考查重点为资产负债表的编制方法、利润表的编制方法。也有的用选择题的形式考查操作题的内容，就是在选择题中考查会计报表的某一个项目的计算。

3．计算题的考查实质就是资产负债表的编制方法和利润表的编制方法的“变形”。

4．2014年春季高考试题中出现了两个选择题，共计4分。

5．2015年春季高考试题中出现了1个选择题，共计2分。

6．2016年春季高考试题中出现了1个综合运用题，共计10分。

知识清单

1．财务报表概述。

（1）财务报表的概念：

财务报表是对企业财务状况、__________和__________的结构性表述，是企业对__________传递会计信息的主要途径，是企业从会计核算角度对一定时期生产经营情况的总结。

（2）财务报表的组成：__________、__________、__________、__________、__________。

知识点解析

报表的组成中小企业可以不包括现金流量表。

（3）财务报表的作用：

①____。

②____。
③____。
④____。
⑤____。

（4）财务报表的种类：

分类标准	种类	说明
所反映的经济内容		
报送对象		
编制时间		
反映资金运动状况		

（5）财务报表的填制要求：
①____。
②____。
③____。
④____。

知识点解析

按报表编制的时间分类可以分为定期编制报表与不定期编制报表。

2．资产负债表。

（1）资产负债表的概念。

①资产负债表是总括反映企业在______________全部资产、负债、所有者权益情况的财务报表。

②资产负债表的理论依据是__________________________。

（2）资产负债表的作用。
①____。
②____。
③____。
④____。

（3）资产负债表的结构。

①资产负债表的机构分为________和________两种。

②我国资产负债表采用________，由________和________两部分组成。

③资产的排序是________。

④负债和所有者权益的排序是________。

（4）资产负债表的编制方法。

①几个术语的理解

实账户：________。

虚账户：________。

备抵账户：________。

②比较资产负债表主要是通过资产负债表中________和________的比较，掌握变化情况及发展趋势。

③年初数填制方法。

④期末数填制方法。

知识点解析

资产负债表的具体编制方法《财务会计》中讲得更详尽，并且《财务会计》的考纲里面也有同样的条款，建议以《财务会计》为主综合去掌握。

3．利润表。

（1）利润表的概念。

①利润表是总括反映企业在________的经营成果的财务报表。

②利润表的利润依据________。

（2）利润表的作用。

①________。

②________。

③________。

④________。

（3）利润表的结构。

①利润表的格式分为________和________。

②我国会计制度规定利润表采用________。

（4）利润表的编制方法。

①利润表的资料来源：________。

②利润表的“上期金额”栏如何填制。

③利润表的“本期金额”栏如何填制。

④公式一：________；

公式二：________；

公式三：________；

公式四：________；

公式五：______________________________；

公式六：______________________________。

4．财务报表的报送、审批和汇总。

（1）报送。

①签证制度：______________________________。

②需要签名盖章的人员：______________________。

③需要编制合并报表特殊情况：______________________。

④不需要编制合并报表特殊情况及处理措施：______________。

（2）审批。

①审查与会计制度的是否相符。

②审查报表反映和实际业务是否一致。

（3）汇总：主管部门对所属单位上报的报表逐级汇总。

知识点解析

财务报表的报送、审批和汇总中，提到了“合并报表”与“汇总报表”。二者要区分开来。

经典例题解析

【例 1】资产负债表属于（　　）。

A．反映企业财务状况的静态报表　　B．反映企业财务状况的动态报表

C．反映企业经营成果的静态报表　　D．反映企业经营成果的动态报表

【答案】A

【解析】此题目为 2014 年春考试题，考查的知识点为会计报表的分类。重点考查的是“重叠”分类的情况。也就是说资产负债表按照不同的分类标准，会有不同的分类结果。

【例 2】某企业年末“在途物资”账户余额为 100 000 元，“原材料”账户余额为 900 000 元，“生产成本”账户余额为 200 000 元，“工程物资”账户余额为 300 000 元。则该企业年末资产负债表中“存货”项目的金额是（　　）。

A．1 000 000 元　B．1 200 000 元　C．1 300 000 元　D．1 500 000 元

【答案】B

【解析】此题目为 2014 年春考试题，考查的知识点为资产负债表的编制方法——存货项目的填制方法。存货项目的计算公式为：存货=在途物资+原材料+周转材料+库存商品+委托加工物资+生产成本-存货跌价准备。

【例 3】编制资产负债表时，可以根据总账账户余额直接填列的是（　　）。

A．“应收账款”项目　　B．“长期借款”项目

C．“无形资产”项目　　D．“应付职工薪酬”项目

【答案】D

【解析】此题目为 2015 年春考试题，考查的知识点为资产负债表的编制方法。资产负债表中的项目填列分四类情况：①根据总账科目余额直接填列；②根据总账科目余额计算填列；③根据总账科目余额和明细账科目余额计算填列；④根据明细账科目余额计算填列。每

一种情况都包括哪些项目，每一个项目的计算公式都是重点考查的知识点，必须一一掌握。

【例4】惠赐公司2015年11月30日部分账户的资料如表1所示。

表1 部分账户的期末余额表　　单位：元

账户名称	借方余额	贷方余额
库存现金	8000	
银行存款	600 000	
其他货币资金	60 000	
应收账款——A公司	600 000	
——B公司		200 000
——C公司	300 000	
预付账款——D公司	100 000	
原材料	600 000	
库存商品	500 000	
生产成本	100 000	
固定资产	9 000 000	
累计折旧		200 000
固定资产减值准备		100 000
应付账款——E公司		700 000
——F公司	200 000	
预收账款——G公司		100 000
——H公司	5000	
长期借款		4 000 000
本年利润		200 000
利润分配		1 000 000

注：长期借款中有1 000 000元将于2016年6月30日到期。

要求：根据上述资料，在资产负债表中分析各账户期末余额的内在联系，并填列以下项目的金额：货币资金、应收账款、预付账款、存货、固定资产、应付账款、预收账款、一年内到期的非流动负债，长期借款和未分配利润（年初余额略），如表2所示。

【答案】表2 资产负债表（简表）

编制单位：惠赐公司　　2015年11月30日　　单位：元

资产	期末余额	年初余额	负债及所有者权益	期末余额	年初余额
流动资产			流动负债		
货币资金	668 000		应付账款	700 000	
应收账款	905 000		预收账款	30 000	
预付账款	300 000		……..		
存货	1 200 000		一年内到期的非流动负债	1000 000	
……….			流动负债合计	略	
流动资产合计	略		非流动负债		
非流动资产		略	长期借款	3000 000	略

续表

资产	期末余额	年初余额	负债及所有者权益	期末余额	年初余额
固定资产	8 700 000		……….		
……….			非流动负债合计	略	
非流动资产合计	略		负债合计	略	
			所有者权益		
			……….		
			未分配利润	1200 000	
			所有者权益合计	略	
资产总计	略		负债和所有者权益总计	略	

【解析】此题目为2016年春考试题，考查的知识点为资产负债表的编制方法。

课堂练习

1．财务会计报告是反映会计主体财务状况、经营成果等情况的书面文件，其组成是（　　）。

A．资产负债表、利润表、现金流量表及有关附表

B．资产负债表、利润表、现金流量表

C．会计报表、会计报表附注及财务情况说明书

D．对外报送的会计主表和财务情况说明书

2．资产负债表设计的主要依据是（　　）。

A．资产=负债+所有者权益　　B．复式记原理

C．账户结构原理　　D．收入−费用=利润

3．在我国，企业资产负债表的格式一般采用（　　）。

A．报告式　　B．账户式　　C．多步式　　D．单步式

4．资产负债表中的各项目数字来源于本期有关总分类账与明细分类账的（　　）。

A．发生额　　B．期末余额

C．发生额与期末余额　　D．发生额和期初余额

5．财务会计报告按其反映的经济内容不同可分为（　　）。

A．财务状况报表和经营成果报表　　B．对内报表和对外报表

C．基层报表和汇总报表　　D．法律主体报表和合并报表

6．下列会计报表中，属于经营成果报表的是（　　）。

A．资产负债表　　B．股东权益增减变动表

C．现金流量表　　D．利润表

7．财务状况报表一般包括（　　）。

A．利润表和资产负债表　　B．资产负债表和利润分配表

C．现金流量表和资产负债表　　D．利润表和利润分配表

8．下列属于内部报表的是（　　）。

A．成本报表　　B．资产减值准备明细表

C．现金流量表　　D．利润分配表

9．年度财务会计报告对外提供的期限应当为年度终了后（　　）。
A．4个月内　B．15天内　C．45天内　D．60天内
10．根据“收入-费用=利润”填列的会计报表是（　　）。
A．利润分配表　B．资产负债表　C．现金流量表　D．利润表
11．利润表项目填列的依据是（　　）。
A．所有者权益账户的余额　B．资产、负债和所有者权益账户的余额
C．损益类账户的本期发生额　D．损益类账户的余额
12．企业财务会计报告的组成内容不包括（　　）。
A．银行存款余额调节表　B．会计报表
C．会计报表附注　D．财务情况说明书
13．年度报表不包括（　　）。
A．资产负债表　B．利润表　C．汇总会计报表　D．现金流量表
14．财务会计报告中报表项目的数字直接来源于（　　）。
A．原始凭证　B．记凭证　C．日记　D．账簿记录
15．下列不属于虚账户的是（　　）。
A．管理费用　B．主营业务税金及附加
C．主营业务成本　D．应付股利
16．根据“资产=负债+所有者权益”这一平衡公式填列的会计报表是（　　）。
A．主营业务收支表　B．利润表
C．资产负债表　D．现金流量表
17．下列属于经营成果报表的是（　　）。
A．资产负债表　B．利润分配表
C．销售费用明细表　D．现金流量表
18．不属于编制财务会计报告基本要求的是（　　）。
A．真实可靠　B．计算准确　C．内容完整　D．报送及时
19．月度财务会计报告对外提供的期限应当于月度终了后（　　）。
A．6天内　B．15天内　C．45天内　D．60天内
20．利润表是反映企业一定时期内的（　　）。
A．财务状况　B．经营成果
C．现金流量　D．经营成果及现金流量
21．属于企业月报表的财务会计报告为（　　）。
A．资产负债表　B．利润表　C．现金流量表　D．A和B
22．半年度财务会计报告对外提供的期限应当为半年度终了后（　　）。
A．6天内　B．15天内　C．45天内　D．60天内
23．利润表中的“净利润”是根据企业的利润总额扣除（　　）后的净额。
A．所得税　B．盈余公积　C．应付利润　D．营业利润
24．季度财务会计报告对外提供的期限应当为季度终了后（　　）。
A．6天内　B．15天内　C．45天内　D．60天内

项目八

会计核算形式

考纲要求

1．理解会计核算形式的含义、种类以及各会计核算形式的特点、优缺点和适用范围。

2．理解各会计核算形式下会计凭证和账簿的设置。

3．掌握科目汇总表和汇总记账凭证的编制方法。

4．掌握记账凭证、科目汇总表和汇总记账凭证核算形式的账务处理程序及应用。

考纲分析

从历年的春季高考试题来看，会计核算形式章节考查的主要方式有两个：一是选择题；二是操作题；复习时要注意：

1．选择题的考查重点为会计核算形式的概念、分类、特点、优缺点及适用范围。各会计核算形式的账务处理程序及比较也是选择题考查的内容。

2．操作题考查的重点为科目汇总表。

3．2014 年春季高考试题中出现了一个选择题，计 2 分。

4．2015 年春季高考试题中没有考查。

5．2016 年春季高考试题中出现了二个选择题，计 4 分。

知识清单

1．会计核算形式概述。

（1）会计核算形式的要素：____________、____________、____________。

（2）定义：____。

（3）分类：①分类标准：__________________；②分类结果：__________________、__________________、__________________。

2．记账凭证核算形式。

（1）记账凭证核算形式的特点：________________。

记账凭证核算形式在会计核算形式体系中的重要性：__________________。

（2）记账凭证核算形式的账务处理程序。

①____。

②____。

③____。

④________________________________。

⑤________________________________。

⑥________________________________。

知识点解析

以上六条不但要牢固记忆，并且要理解深刻。例如：

（1）编制记账凭证的根据是什么？大家最容易想到的是原始凭证，但是还有一个大家容易漏掉的，那就是原始凭证汇总表。

（2）登记明细账的依据是什么？

（3）编制财务报表的依据又是什么？

（3）记账凭证核算形式的优缺点及适用范围。

①优点：__________________________。

②缺点：__________________________。

③适用范围：________________________。

3．科目汇总表核算形式。

（1）科目汇总表核算形式的特点：__________。

（2）科目汇总表的编制方法：

①编制科目汇总表的间隔时间如何确定？________________。

②编制科目汇总表时还应注明据以编制的记账凭证的起讫字号，为什么？________________。

（3）科目汇总表核算形式的账务处理程序。

①________________________________。

②________________________________。

③________________________________。

④________________________________。

⑤________________________________。

⑥________________________________。

⑦________________________________。

（4）科目汇总表核算形式的优缺点及适用范围。

①优点：__________________________。

②缺点：__________________________。

③适用范围：________________________。

4．汇总记账凭证核算形式。

（1）汇总记账凭证核算形式的特点：______________。

（2）汇总记账凭证的编制：________________。

①汇总收款凭证的编制：

a．按照____________设置，按照____________汇总。

b．对收款凭证有什么要求？________________。

②汇总付款凭证的编制：

a．按照____________设置，按照________________汇总。

b．对付款凭证有什么要求？

③汇总转账凭证的编制：

a．按照__________设置，按照__________汇总。

b．对转账凭证有什么要求？

____________________________。

（3）汇总记账凭证核算形式的账务处理。

①____。

②____。

③____。

④____。

⑤____。

⑥____。

⑦____。

（4）汇总记账凭证核算形式的优缺点及适用范围。

①优点：____。

②缺点：____。

③适用范围：______________________________________。

经典例题解析

【例 1】编制汇总付款凭证时（　　）。

A．按借方科目（库存现金或银行存款）设置，贷方科目汇总

B．按贷方科目（库存现金或银行存款）设置，借方科目汇总

C．月末计算每一个贷方科目发生额合计数

D．根据一定时期内的收款凭证来编制

【答案】B

【解析】此题目为 2014 年春考试题，考查的知识点为汇总记账凭证编制方法——汇总付款凭证的编制方法。

【例 2】在科目汇总表核算形式下，登记总账的直接依据是（　　）。

A．原始凭证　　B．记账凭证汇总表

C．原始凭证汇总表　　D．各种记账凭证

【答案】B

【解析】此题目为以前年度春考试题，考查的知识点为科目汇总表核算形式的最主要特点。特点还有很多，这条是最主要的特点，属于直接考查。

【例 3】科目汇总表核算形式的优点是（　　）。

A．简单明了

B．较详细的反映经济业务的发生情况

C．能够反映各账户之间的对应关系

D．可以起到试算平衡的作用

【答案】D

【解析】此题目为2016年度春考试题，考查的知识点为科目汇总表核算形式的优缺点。

【例4】科目汇总表核算程序适用于（　　）。

A．规模较大，业务较多的单位　　B．规模较小，业务较少的单位

C．规模较小，业务较多的单位　　D．规模较大，业务较少的单位

【答案】A

【解析】此题目为以前年度春考试题，考查的知识点为科目汇总表核算形式的使用范围。

【例5】在不同的会计核算形式下，不能作为直接登记总账依据的是（　　）。

A．原始凭证　　B．记账凭证

C．科目汇总表　　D．汇总记账凭证

【答案】A

【解析】此题目为以前年度春考试题，考查的知识点为各种会计核算形式的账务处理程序。登记总账的依据有：记账凭证、科目汇总表和汇总记账凭证。原始凭证和记账凭证是登记明细账的依据。

【例6】各种会计核算形式的主要区别是（　　）。

A．登记明细账的依据和方法不同　　B．总账的格式不同

C．登记总账的依据和方法不同　　D．编制财务报表的依据不同

【答案】C

【解析】此题目为以前年度春考试题，考查的知识点为会计核算形式的分类“标准”。

【例7】下列关于记账凭证核算形式阐述不正确的是（　　）。

A．记账凭证核算形式简单明了，易于掌握

B．记账凭证核算形式登记总账的工作量较大

C．记账凭证核算形式登记明细分类账只依据记账凭证

D．记账凭证核算形式适用于规模小、业务量少的单位

【答案】C

【解析】此题目为以前年度春考试题，考查的知识点为记账凭证核算形式的账务处理程序。登记明细账的依据为原始凭证和记账凭证。

课堂练习

1．汇总收款凭证和汇总付款凭证是根据（　　）汇总编制的。

A．原始凭证、记账凭证　　B．收款凭证、付款凭证

C．记账凭证、记账凭证汇总表　　D．累计凭证、原始凭证汇总表

2．科目汇总表核算程序和汇总记账凭证核算程序的主要相同点是（　　）。

A．登记总账的依据相同　　B．汇总凭证的格式相同

C．记账凭证的汇总方法相同　　D．凭证的汇总及记账步骤相同

3．下列按借方设置，按贷方归类汇总的有（　　）。

A．汇总收款凭证　　B．汇总转账凭证

C．汇总付款凭证　　D．汇总记账凭证

4．关于科目汇总表的说法正确的是（　　）。

A．科目汇总表不能反映账户的对应关系

B．增加了登记总账的工作量

C．不能进行试算平衡

D．需要编制简单会计分录

5．下列会计核算形式，相对于登记总账来说，工作量最大的是（　　）。

A．记账凭证核算形式　　B．汇总记账凭证核算形式

C．记账凭证汇总表核算形式　　D．多栏式日记账核算形式

6．科目汇总表核算程序的缺点是（　　）。

A．不利于会计核算分工　　B．不能反映账户对应关系

C．不能进行试算平衡　　D．会计科目数量受限制

7．汇总记账凭证账务处理程序的主要特点是（　　）。

A．根据原始凭证编原始凭证汇总表

B．根据原始凭证原始凭证汇总表编制记账凭证

C．根据各种汇总记账凭证登总分类账

D．根据各种汇总记账凭证的记录编制报表

8．汇总记账凭证核算形式适用于的企业是（　　）。

A．规模较大、经济业务较多　　B．规模较小、经济业务不多

C．规模较大、经济业务不多　　D．规模较小、经济业务较多

9．会计核算中，账簿组织、记账程序和会计报表相互结合的方式称为（　　）。

A．账簿组织程序　　B．账务处理程序

C．记账工作步骤　　D．会计核算形式

10．科目汇总表核算形式是根据（　　）登记总账。

A．收款凭证、付款凭证、转账凭证

B．科目汇总表

C．日记账

D．汇总收款凭证、汇总付款凭证、汇总转账凭证

11．规模较小业务较少的企业单位，一般采用的账务处理程序是（　　）。

A．科目汇总表账务处理程序　　B．记账凭证账务处理程序

C．汇总记账凭证账务处理程序　　D．多栏式日记账账务处理程序

12．在不同的会计核算程序下，明细的登记依据不可以是（　　）。

A．原始凭证　　B．汇总原始凭证　　C．记账凭证　　D．科目汇总表

13．根据记账凭证逐笔登记总账是（　　）核算程序的主要特点。

A．记账凭证　　B．科目汇总表

C．汇总记账凭证　　D．多栏式日记账

14．科目汇总表核算程序（　　）。

A．能清楚反映账户对应关系　　B．不能反映账户对应关系

C．便于分析经济业务　　D．可以看清经济业务的来龙去脉

15．记账凭证核算形式的主要缺点是（　　）。

A．不便于会计合理分工　　B．能体现账户的对应关系

C．登记总账的工作量较大　　D．方法不易掌握

16．在记账凭证核算程序下，现金日记一般采用（　　）。

A．多栏式账页格式　　B．三栏式账页格式

C．三栏式与多栏式结合使用　　D．以上均可

17．编制科目汇总表的直接依据是（　　）。

A．原始凭证　　B．原始凭证汇总表

C．记账凭证　　D．汇总记凭证

18．汇总转账凭证的编制依据是（　　）。

A．原始凭证　　B．汇总原始凭证

C．付款凭证　　D．转账凭证

19．汇总记账凭证核算程序的主要缺点是（　　）。

A．登记总账的工作量较大　　B．编制汇总记账凭证的工作量较大

C．不能反映业务的来龙去脉　　D．不能反映业务的对应关系

20．（　　）是一种最基本的业务处理程序，也是其他业务处理程序的基础。

A．记账凭证核算形式　　B．科目汇总表核算形式

C．汇总记账凭证核算形式　　D．多栏式日记账核算形式

21．根据记账凭证汇总表登记总分类的会计核算程序是（　　）。

A．记账凭证核算程序　　B．多栏式日记账核算程序

C．科目汇总表核算程序　　D．汇总记账凭证核算程序

22．下列会计凭证中，不可以作为登记总依据的是（　　）。

A．原始凭证汇总表　　B．记账凭证

C．科目汇总表　　D．记账凭证汇总表

项目九

会计工作管理

考纲要求

1．理解会计工作的内容和主要目标。

2．了解会计档案的概念；理解会计档案的具体内容以及会计档案管理的具体要求。

考纲分析

从历年春季高考情况来看，此部分内容考纲要求变化比较大，2015年删除了会计机构、会计岗位和会计工作组织以及会计人员的职责权限和职业道德。把删除的知识点转移到了《财经法规和职业道德》中去，同时把《财经法规和职业道德》中关于会计档案的知识点删除后出现在这里。

知识清单

1．会计工作的内容。

（1）会计凭证的________、________、________、________、________、________。

（2）账簿的________、________、________、________、________。

（3）财务报表的________、________、________、________、________。

（4）税费的________、________、________。

知识点解析

注意课本上还有一项会计工作的重要内容：________________________。

此外，会计工作还有一项政策性很强的工作，积极发挥会计的监督作用。

2．会计工作的主要目标。

（1）____。

（2）____。

（3）____。

（4）____。

（5）____。

3．会计档案的概念：____。

4．会计档案的具体内容。

（1）会计凭证类。

①包括内容有：______、______、______、______。

②保管要求：________________________。

（2）会计账簿类。

①包括内容有：______、______、______、______、______、______。

②保管要求：________________________。

（3）财务报告类。

包括内容有：______、______、______、______、______、______。

（4）其他类：主要包括______、______、______、______、______、______。

5．会计档案管理的具体要求。

（1）立卷归档。

①会计部门负责立卷归档，并暂时保管一年。后移交档案部门。

②出纳员不得兼管会计档案

（2）调阅。

调阅的规定和注意事项：________________________。

（3）保管。

①保管期限的分类：________________________。

②保管期限的起始时间规定：________________________。

③具体的保管期限表：________________________。

知识点解析

会计档案保管期限表课本上有两个表格，一个是企业和其他组织的会计档案保管期限表，另一个是财政总预算、行政单位、事业单位和税收会计档案保管期限，考纲只是要求了会计档案的保管期限，并没有明确说明具体单位的性质，所以大家要注意。

（4）销毁。

（1）销毁的程序：

①________________________。

②________________________。

③________________________。

④________________________。

知识点解析

监销人的规定中：企业单位有什么规定？国家机关又有什么规定？财政部门的规定？

（2）不得销毁的会计档案包括：______、______。

经典例题解析

【例 1】下列会计档案不需要永久保存的是（　　）。

A．会计移交清册　　　　　　　　　　B．会计档案保管清册

C．会计档案销毁清册　　　　　　　　D．年度财务报告（决算）

【答案】A

【解析】此题目为以前年度春考试题，考查的知识点为会计档案保管期限。

课堂练习

1．下列会计档案中，不需要永久保存的是（　　）。

A．财政总预算　　　　　　　　　　B．日记账和总分类账

C．会计档案保管清册　　　　　　　D．会计档案销毁清册

2．根据《会计档案管理办法》规定，下列会计档案需要定期保存的有（　　）。

A．月度财务报告　　　　　　　　　B．年度财务报告

C．会计档案保管清册　　　　　　　D．会计档案销毁清册

3．根据《会计档案管理办法》的规定：会计档案销毁清册保管期限一般为（　　）。

A．5年　　　　B．15年　　　　C．25年　　　　D．永久保管

单科测验试题

一、单选题

1．关于发票，下列说法不正确的是（　　）。

A．任何单位和个人对不符合规定的发票，有权拒收，并不得作为财务报销凭证

B．未经税务机关批准，不得拆本使用发票

C．任何单位和个人只允许临时代开发票，不得转借转让发票

D．单位和个人在开具发票时应当按照规定的时限、顺序，逐栏、全部联次一次性如实开具

2．对于临时租入的固定资产（　　）。

A．应在分类账中登记　　B．应在备查账中登记

C．应在日记账中登记　　D．应在明细账中登记

3．为了及时掌握各项财产物资的增减变动和结存情况，企业一般应采用（　　）。

A．权责发生制　　B．实地盘存制

C．收付实现制　　D．永续盘存制

4．银行存款余额调节表是（　　）。

A．列示银行和本单位未达账项情况的表格

B．通知银行更正错误的依据

C．更正本单位银行存款日记账记录的依据

D．调整银行存款账簿记录的原始依据

5．下列单据中，不能作为原始凭证的是（　　）。

A．累计销售凭证　　B．退料单

C．材料请购单　　D．制造费用分配表

6．“本年利润”账户6月30日贷方余额670 000元表示（　　）。

A．本月财务成果　　B．截至6月30日的本年累计实现的利润

C．本月营业利润　　D．截至6月30日的本年未分配利润

7．会计人员根据记账凭证登账时，误将89 000元记为98 000元，更正这种错误应采用（　　）。

A．画线更正法　　B．红字冲销法

C．补充登记法　　D．除九法

8．根据企业会计制度规定，企业发现现金的长、短款，在查明原因处理前，核算的账户是（　　）。

A．其他应收款　　B．其他应付款

C．管理费用　　D．待处理财产损溢

9．以货币计量为基本形式，是指会计的（　　）。

A．本质　　B．职能

C．特点　　D．方法

10．下列各项不影响计算利润总额的因素是（　　）。

A．营业税金及附加　　B．其他业务收入

C．投资收益　　D．所得税费用

11．下列项目中，不属于所有者权益的是（　　）。

A．未分配利润　　B．留存收益

C．投资收益　　D．股本

12．银行存款日记账是根据有关的收、付款凭证登记的，其登记人员应为（　　）。

A．销售人员　B．出纳人员　C．稽核人员　D．保管人员

13．下列不属于账实核对的是（　　）。

A．现金日记账账面余额与现金实际库存数的核对

B．银行存款日记账账面余额与银行对账单余额的核对

C．会计部门财产物资明细账账面结存数与实物保管部门财产物资明细账的核对

D．各种应收、应付款项账面余额与有关债权债务单位或个人的核对

14．对于查找错账的"除二法"和"除九法"，下列描述正确的是（　　）。

A．除二法适用于查找"串户"或"倒码"类型的错账

B．除二法适用于查找"反方"或"错位"类型的错账

C．除九法适用于查找"错位"或"倒码"类型的错账

D．除九法适用于查找"串户"或"反方"类型的错账

15．银行对账单余额为 25 000 元，企业已收、银行未收的款项为 2200 元，企业未收、银行已收的款项为 1500 元，企业已付、银行未付的款项为 1600 元，则调整后的存款余额为（　　）。

A．25 600 元　B．24 100 元　C．28 200 元　D．25 700 元

16．下列各项中不属于会计核算内容的是（　　）。

A．以盈余公积转增资本　　B．制定下年度财务费用开支计划

C．接受捐赠　　D．赊销货物

17．在会计机构内部不得兼管稽核、会计档案保管和收入、费用、债权债务账目登记工作的是（　　）。

A．记账人员　B．会计主管人员　C．出纳人员　D．成本核算人员

18．下列明细分类账中，最适宜用横线登记式账页格式的是（　　）。

A．营业外支出明细账　　B．其他应收款明细账

C．本年利润明细账　　D．生产成本明细账

19．营业外支出不包括（　　）。

A．支付的赔偿金　　B．公益救济性捐款支出

C．非常损失　　D．存货入库后的自然损耗

20．在编制资产负债表时，可以根据有关账户余额直接填列的项目是（　　）。

A．货币资金　B．应付股利　C．存货　D．未分配利润

21．会计的含义中不包括（　　）。

A．会计是经济管理的重要组成部分　　B．会计的基本职能

C．会计的基本前提　　D．会计的基本形式

22．下列各账户中，不属于成本类账户的是（　　）。

A．生产成本　　B．劳务成本　　C．其他业务成本　　D．制造费用

23．采用补充登记法更正错账时（　　）。

A．应编制红字记账凭证　　B．应编制蓝字记账凭证

C．应编制蓝字和红字记账凭证　　D．不需编制记账凭证

24．甲企业本期主营业务收入为 500 万元，主营业务成本为 300 万元，其他业务收入为 200 万元，其他业务成本为 100 万元，销售费用为 15 万元，资产减值损失为 45 万元，公允价值变动收益为 60 万元，投资收益为 20 万元，假定不考虑其他因素，该企业本期营业利润为（　　）万元。

A．300　　B．320　　C．365　　D．380

25．资产负债表左方的资产项目排列标准是（　　）。

A．重要性原则，即重要项目排在前面，次要项目排在后面

B．债务清查的先后顺序，即短期债务排在前面，长期债务排在后面

C．流动性大小，即流动性大的排在前面，流动性小的排在后面

D．金额的大小，即金额小的排在前面，金额大的排在后面

26．某企业的制造费用采用生产工人工时比例法进行分配。该企业当月生产甲、乙两种产品，共发生制造费用 5000 元。当月生产甲、乙两种产品共耗用 2000 工时，其中甲产品耗用 1600 工时，乙产品耗用 400 工时。则甲产品应分配的制造费用为（　　）元。

A．3000　　B．2000　　C．1600　　D．4000

27．会计的特点不包括（　　）。

A．会计以货币为主要计量单位

B．会计具有完整性、连续性、系统性和综合性

C．会计核算以凭证为依据，严格遵循会计规范

D．会计具有一套完整的会计法律体系

28．下列说法不正确的是（　　）。

A．会计对象是能够以货币表现的经济活动为特定对象

B．会计对象是会计核算和监督的内容

C．会计对象是会计的客体

D．会计对象是对会计要素的具体的分类项目

29．企业的资金运动不包括（　　）。

A．资金筹集　　B．资金运用　　C．资金退出　　D．资金耗费

30．汇总收款凭证是根据一定时期内收款凭证，按（　　）科目设置，（　　）科目汇总，计算每一个贷方相应的发生额的合计数。

A．贷方；借方　　B．借方；贷方　　C．借方；借方　　D．贷方；贷方

二、操作题

1．资料：兴达公司 2007 年 1 月 31 日有关账户余额如下。

账户	借方余额	账户	贷方余额
现金	1000	短期借款	76 000
银行存款	74 000	应付账款	38 000
应收账款	32 000	应付工资	28 000
原材料	177 000	坏账准备	13 000
生产成本	30 000	固定资产减值准备	92 000
库存商品	16 000	长期借款	50 000
长期股权投资	60 000	累计折旧	180 000
固定资产	500 000	实收资本	400 000
无形资产	15 000	盈余公积	25 000
利润分配	33 000	本年利润	36 000
合计	938 000		938 000

其中：“应收账款”明细账余额：甲厂 42 000 元（借方）

乙厂 10 000 元（贷方）

“应付账款”明细账余额：丙厂 55 000 元（贷方）

丁厂 17 000 元（借方）

要求：根据上述资料，完成下列资产负债表简表（只填期末数栏）

资产负债表

编制单位：　　　　年　月　日　　　　单位：元

资产	年初数（略）	期末数	负债	年初数（略）	期末数
流动资产			流动负债		
货币资金			短期借款		
应收账款			应付账款		
预付账款			预收账款		
存货			应付工资		
流动资产合计			流动负债合计		
长期投资			长期负债：		
长期股权投资			长期借款		
长期投资合计			长期负债合计		
固定资产			所有者权益		
固定资产原价			实收资本		
减：累计折旧			盈余公积		
固定资产净值			未分配利润		
减：固定资产减值准备			所有者权益合计		
固定资产净额					
固定资产合计					
无形资产					
无形资产及其他资产合计					
资产总计			权益总计		

2．2009 年 3 月 31 日，宏通公司（该企业为营业税纳税人，从事服务业）结转本月发生的劳务成本 65 000 元。会计人员编制记账凭证如下表 1 所示，并据以登记入账。

表 1　转账凭证

2009 年 3 月 31 日　　　　　　　　　　　　　　　　　　转字第 055 号

摘要	总账科目	明细科目	√	借方金额										√	贷方金额									
				千	百	十	万	千	百	十	元	角	分		千	百	十	万	千	百	十	元	角	分	
结转劳务成本	其他业务成本		√				5	6	0	0	0	0	0												附
	劳务成本													√				5	6	0	0	0	0	0	单
																									据
																									*
合 计						¥	5	6	0	0	0	0	0				¥	5	6	0	0	0	0	0	张
财务主管***		记账***					出纳***								审核***					制单***					

要求：说明上述账务处理的错误所在，指出应选用的正确更正方法，并更正上述错误。

（若需编制记账凭证请用下列提供的记账凭证，凭证编号自 060 号开始，需用红字时将相关金额加表示，省略更正有关账簿的内容。）

表 2　转账凭证

年　月　日　　　　　　　　　　　　　　　　　　　　　转字第　号

摘要	总账科目	明细科目	√	借方金额										√	贷方金额									
				千	百	十	万	千	百	十	元	角	分		千	百	十	万	千	百	十	元	角	分	附
合 计																									
财务主管***		记账***					出纳***								审核***					制单***					

表 3　转账凭证

年　月　日　　　　　　　　　　　　　　　　　　　　　转字第　号

摘要	总账科目	明细科目	√	借方金额										√	贷方金额									
				千	百	十	万	千	百	十	元	角	分		千	百	十	万	千	百	十	元	角	分	附
																									单
																									据
																									*
合 计																									张
财务主管***		记账***					出纳***								审核***					制单***					

3．资料：鸿郡公司 2010 年 6 月银行存款日记账和银行转来的对账单部分内容如表 4、表 5 所示。

表4　银行存款日记账

2010年 月	2010年 日	凭证 字	凭证 号	摘　要	结算凭证 字	结算凭证 号	对方科目	收入（百十万千百十元角分）	支出（百十万千百十元角分）	余额（百十万千百十元角分）
6	24	银付	8	提现备用	现支	**	库存现金		80000	50000000
6	25	银付	9	支付材料款	转支	**	原材料		4000000	46000000
6	26	银付	10	支付广告费	转支	**	销售费用		1000000	45000000
6	26	银收	6	存入销货款	进账单	**	主营业务收入	8000000		53000000
6	27	银收	7	借入临时借款	进账单	**	短期借款	5000000		58000000
6	27	银收	8	存入销货款	进账单	**	主营业务收入	7000000		65000000
6	30	银付	11	偿还前欠货款	转支	**	应付账款		2000000	63000000

表5　银行对账单

2010年 月	2010年 日	摘　要	结算凭证 种类	结算凭证 号数	存　入	支　出	余　额
6	24	提现备用	现　支	**		800	500 000
	25	支付材料款	转　支	**		40 000	460 000
	26	支付广告费	转　支	**		10 000	450 000
	26	存入销货款	进账单	**	80 000		530 000
	27	支付电费	转　支	**		20 000	510 000
	27	存入销货款	进账单	**	70 000		580 000
	30	收到利息	信　汇	**	6 000		586 000

要求：根据上述银行存款日记账（表4）与银行对账单（表5）编制鸿郡公司2010年6月的银行存款余额调节表如表6所示。

表6　银行存款余额调节表

存款种类：结算户存款　　　　　　年　月　日　　　　　　单位：元

项　目	金　额	项　目	金　额
企业银行存款日记账余额		银行对账单余额	
加：银行已收企业未收		加：企业已收银行未收	
减：银行已付企业未付		减：企业已付银行未付	
调节后的银行存款余额		调节后的银行存款余额	

4．资料：有关鸿源有限责任公司和华达超市的公司情况及交易情况如下：

鸿源有限责任公司为增值税一般纳税人，税务局核定增值税税率17%。纳税人登记号：

010567874534238；开户银行：农业银行锦江支行；账号 160201134120818；地址：北京市锦江路 123 号，电话 010-81799343。

华达超市为增值税一般纳税人，税务局核定增值税税率 17%。纳税人登记号：010451678745342；开户银行：工商银行环海路分行；账号 360603124120514；地址：北京市环海路 50 号，电话 010-56799262。

2010 年 6 月 8 日鸿源公司向华达超市销售家电：WB-37 型彩电 100 台，每台计税价格 3000 元；壁挂 kk-3 型空调 100 台，每台计税价格 2500 元，货款未收。

要求：根据上述资料。

（1）填制鸿源公司向华达超市开出的增值税专用发票，如表 7 所示；

（2）鸿源公司根据增值税专用发票记账联填制记账凭证，如表 8 所示。

表 7

北京市增值税专用发票 No.3700063140

发票联 开票日期： 年 月 日

购货单位	名　　称： 纳税人登记号： 地址、电话： 开户行及账号：	密码区	68703.984567 < 5678 < 00 < 567 < 984567 < 1111 7865.45 < 567 < 5999 < 61123++984567 < 523 < 00

货物或应税劳务名称	规格型号	单位	数量	单价	金额	税率 lvlv 率	税额
合计							
价税合计（大写）					（小写）¥		

销货单位	名　　称： 纳税人登记号： 地址、电话： 开户行及账号：	备注	鸿源有限责任公司 财务专用章

收款人*** 复核*** 开票人*** 销货单位（章）

表8 转账凭证

年 月 日　　　　　　　　　　　　　　　　　　转字第*号

摘要	总账科目	明细科目	√	借方金额										√	贷方金额								
				千	百	十	万	千	百	十	元	角	分		千	百	十	万	千	百	十	元	角	分
合计																							

附单据 张

财务主管*** 记账*** 出纳*** 审核*** 制单***

企业财务会计

第一章

货币资金

考纲要求

1．了解货币资金的内容。

2．掌握货币资金的核算和清查。

考纲分析

1．2015 年考纲对本章做了大的调整：删去了“理解货币资金的管理”与“理解银行转账结算基本方式的概念、适用范围和主要规定”，删去的原因是为了避免与《财经法规与会计职业道德》部分内容的重复。

2．货币资金的核算中，库存现金与银行存款的核算贯穿于其他章节，所以本章的重点是考查其他货币资金的核算；货币资金的清查与《会计基础》中财产清查的相关内容重复，所以这部分内容难度不大。

3．近几年的高考题主要是考查银行转账结算基本方式的概念、适用范围和主要规定，随着考纲的调整，考查的范围减少，比重也将减少。

4．2016 年度春考试题中出现了一个选择题，计 2 分。

第一节　货币资金概述

知识清单

1．货币资金是指____。

2．货币资金包括____。

3．其他货币资金主要包括____。

知识点解析

（1）货币资金的三部分内容是按存放地点与用途进行分类的。

（2）库存现金是现金的狭义概念。

经典例题解析

【例】下列项目中，不属于其他货币资金的是（　　）。

A．外埠存款　　B．银行汇票存款

C．银行本票存款　　D．商业汇票存款

【答案】D

【解析】其他货币资金主要包括外埠存款、银行本票存款、银行汇票存款、信用卡存款、信用证保证金存款、存出投资款等。

课堂练习

1．下列各项，不属于货币资金的是（　　）。

A．备用金　　B．银行存款　　C．外埠存款　　D．银行汇票存款

2．一般情况下，我国会计上所界定的现金概念指的是企业的（　　）。

A．有价证券　　B．银行存款　　C．其他货币资金　　D．库存现金

3．下列项目中不属于其他货币资金的是（　　）。

A．外埠存款　　B．信用证存款　　C．外汇存款　　D．信用卡存款

第二节　货币资金的核算

知识清单

1．库存现金的核算设置的账户及其结构：______________________________。

2．现金日记账登账依据是：______________________________。

3．银行存款的核算设置的账户及其结构：______________________________。

4．银行存款日记账登账依据是：______________________________。

5．“其他货币资金”设置的明细账户：______________________________。

6．其他货币资金的核算：

（1）其他货币资金取得时：（将款项汇往外地银行开立采购专户、取得银行本票、银行汇票、信用卡、存入信用证保证金等），应编制的会计分录为：

____

____

____

____

____

______________________________。

（2）使用其他货币资金：

①使用外埠存款、银行汇票存款、银行本票存款采购物资时，应编制的分录为：

②使用信用卡支付有关费用时，应编制的分录为：

③使用信用证保证金购买物资：

（3）多余款退回，应编制的分录为：

知识点解析

（1）熟悉"库存现金""银行存款"账户的结构，正确编制有关现金、银行存款收支的业务。

（2）现金日记账需要日清日结，所以每日业务较多时需要日结。

（3）其他货币资金的明细账户要求必须记准，并正确书写。

（4）银行本票存款与银行汇票存款的核算要与商业汇票、支票的核算区分。

（5）商业汇票的核算用到的账户是："应收票据""应付票据"。

（6）支票的核算用到的账户是"银行存款"。

经典例题解析

【例 1】下列银行结算方式通过"其他货币资金"账户核算的是（　　）。

A. 支票　　B. 信用卡　　C. 委托收款　　D. 商业汇票

【答案】B

【解析】本题是 2010 年的高考题，主要考查其他货币资金核算的内容。其他货币资金的核算主要包括外埠存款、银行本票存款、银行汇票存款、信用卡存款、信用证保证金存款、存出投资款等。支票属于货币资金中的"银行存款"的核算；委托收款、商业汇票不属于货币资金。

【例 2】1 月 8 日，企业用信用卡购买办公用品，金额为 3400 元，做出账务处理。

【答案】借：管理费用　　3400

　　贷：其他货币资金——信用卡存款　　3400

【解析】本题是 2014 年的高考题，主要考查其他货币资金的核算。

【例 3】俊雅公司为增值税一般纳税人，增值税税率为 17%，材料按实际成本进行核算。2014 年 7 月份发生如下有关货币资金的部分经济业务。

（1）出售不需用的材料一批，为购货方开具的普通发票上注明的金额为 702 元，材料已发出，货款以现金形式收回。

（2）购入不需安装的生产设备一台，增值税专用发票上注明价款 300 000 元、增值税额 51 000 元，公司为销售方开具了一张转账支票用于支付该设备的价税款，该设备已运抵企业并投入使用。

（3）委托本公司开户银行将 500 000 元汇往异地开立采购专户。

（4）从异地购入乙材料一批，增值税专用发票上注明价款 400 000 元、增值税 68 000 元，该材料的价税款从异地开立的采购专户中支付，该批材料尚未验收入库。

（5）月末，公司在现金清查中发现现金长款 200 元，经查属于支付给个人的款项。

要求：编制俊雅公司有关货币资金业务的会计分录。

【答案】

（1）借：库存现金　　702

贷：其他业务收入　　600

　　应交税费——应交增值税（销项税额）　　102

（2）借：固定资产　　300 000

　　应交税费——应交增值税（进项税额）　　51 000

　　贷：银行存款　　351 000

（3）借：其他货币资金——外埠存款　　500 000

　　贷：银行存款　　500 000

（4）借：在途物资　　400 000

　　应交税费——应交增值税（进项税额）　　68 000

　　贷：其他货币资金——外埠存款　　468 000

（5）借：库存现金　　200

　　贷：待处理财产损溢　　200

　借：待处理财产损溢　　200

　　贷：其他应付款　　200

【解析】本题是 2015 年的高考题，考查的内容涉及了现金、银行存款、其他货币资金的核算。

课堂练习

一、单选题

1. 不属于其他货币资金核算范围的是（　　）。

A. 信用证存款　　B. 外埠存款

C. 外汇存款　　D. 存出投资款

2. 企业将款项委托开户银行汇往采购地银行，开立采购专户，应借记（　　）。

A. 其他货币资金　　B. 银行存款

C. 物资采购　　D. 其他应收款

3. 不属于“其他货币资金”账户下应设置的二级明细账户的是（　　）。

A. 外埠存款　　B. 银行汇票存款

C. 银行本票存款　　D. 银行存款

4. 下列不通过“其他货币资金”账户核算的有（　　）。

A. 银行本票存款　　B. 外币存款

C. 银行汇票　　D. 信用卡存款

二、业务题

1. 向银行存入 12 000 元，申请银行汇票一张，由采购员持往成都采购材料（材料按实际成本计价），编制会计分录。

2．上题中从成都采购的材料一批运抵企业，材料价款 9000 元，增值税款 1530 元，余款已通过银行收回，编制会计分录。

第三节　货币资金的清查

知识清单

1．库存现金的清查方法：________________________________。

2．库存现金的长款（盘盈）。

批准前分录：________________________________。

批准后分录：________________________________。

3．库存现金的短款（盘亏）。

批准前分录：________________________________。

批准后分录：________________________________。

4．银行存款清查的方法：________________________________。

5．未达账项含义：________________________________。

6．未达账项类型：________________________________。

（1）________________________________；

（2）________________________________；

（3）____；

（4）____。

知识点解析

（1）明确货币资金清查的方法；现金清查结果的处理；银行存款余额调节表的编制。

（2）库存现金清查的方法：实地盘点法。

（3）银行存款清查的方法：核对账目。

经典例题解析

【例】对现金清查中出现的溢余，核查后无法查明原因的，经批准后计入（　　）。

A．管理费用　　B．其他应收款

C．营业外收入　　D．其他应付款

【答案】C

【解析】财产清查的处理，在批准前后均用“待处理财产损溢”账户进行核算。现金长款时，在未经批准前，应借记“库存现金”，贷记“待处理财产损溢”账户。批准后，要根据具体的原因进行处理。

课堂练习

一、单选题

1．现金清查的方法是（　　）。

A．实地盘点法　　B．核对账目法

C．核对凭证法　　D．核对账表法

2．企业在现金清查中发现现金短缺，在未经批准以前应借记（　　）科目，贷记“库存现金”。

A．营业外支出　　B．待处理财产损溢

C．其他应收款　　D．管理费用

3．现金清查中的盘盈盘亏，应根据（　　）进行账务处理。

A．现金盘点报告表　　B．现金收付凭证

C．现金日记账　　D．现金总分类账

4．银行存款清查方法是（　　）。

A．实地盘点法　　B．核对账目法

C．核对凭证法　　D．核对账表法

5．无法查明原因的现金长款，经批准，应转入（　　）账户。

A．其他应付款　　B．营业外收入

C．冲减“管理费用”　　D．其他业务收入

6．无法查明原因的现金短款，经批准，应转入（　　）账户。

A．其他应收款　　B．营业外支出

C．管理费用　　　　　　　　　　　　　D．其他业务成本

二、操作题

某企业 2013 年 5 月 31 日，银行存款日记账余额为 14 500 元，银行对账单余额为 18 000 元，经查有以下未达账项。

（1）企业于月末存入银行的转账支票 2200 元，银行尚未入账。

（2）银行代付电费 200 元，但企业尚未收到银行付款通知。

（3）企业于月末开出转账支票 1400 元，银行尚未入账。

（4）委托银行代收的销货款 4500 元，银行已经收到入账，但企业尚未收到银行收款通知，尚未入账。

要求：根据以上未达账项编制银行存款余额调节表。

银行存款余额调节表

编制单位：　　　　　　　　　　年月日　　　　　　　　　　单位：元

项目	金额	项目	金额
企业银行存款日记账余额		银行对账单余额	
加：		加：	
减：		减：	
调节后余额		调节后余额	

第二章 应收及预付款项

考纲要求

掌握应收账款、应收票据、预付账款和其他应收款的核算。

考纲分析

1．本章内容难度较大，考查的重点有应收账款中现金折扣的核算、坏账准备的核算；应收票据中票据贴现的计算与核算。

2．近几年的高考题涉及比较多的有现金折扣的核算与应收票据的核算，题型主要包括选择题与业务题，坏账准备的计算与票据贴现的计算一般在业务题中考查。

第一节 应收账款

知识清单

1．应收账款的概述是指________________________。

2．应收账款入账价值包括________________________。

3．应收账款的核算。

（1）销售商品时分录：________________________。

（2）收到款项时：________________________。

4．现金折扣是指________________________。

5．客户因在折扣期内付款取得的折扣，销售企业将其确认为当期的__________。

6．付款方在折扣期内付款，收款方会计分录：__________________。

7．坏账是指________________________。

8．坏账损失的确认：________________________。

9．坏账准备的计提方法：________________________。

10．当期应提取的坏账准备=________________________。

11．期末计算应提取的坏账准备分录：__________________。

12．期末冲销多提的坏账准备分录：________________________________。
13．发生坏账的分录：____。
14．收回已转销的坏账分录：____________________________________。

知识点解析

（1）应收账款的入账价值包括：价款、增值税、垫付的款项。

（2）现金折扣记入“财务费用”账户。

（3）坏账准备的核算采用备抵法。

经典例题解析

【例 1】某企业销售一批商品，价款 100 000 元，增值税 17 000 元，代购货方垫付运费 3000 元，该项交易附有现金折扣条件：2/10，n/30，各种款项均未收回，那么销售成立时“应收账款”的入账金额是（　　）。

A．120 000 元　　　　B．103 000 元

C．117 000 元　　　　D．118 000 元

【答案】A

【解析】本题为 2010 年高考题。应收账款的入账价值包括销售商品或提供劳务的价款、应收的增值税款、代购货单位垫付的包装费、运杂费等。

应收账款入账金额=100 000+17 000+3000=120 000（元）

【例 2】某公司赊销商品一批，商品标价 20 000 元，商业折扣 20%，增值税率为 17%，现金折扣条件为 2/10，n/20，代垫运费 400 元，总价法下“应收账款”账户的入账金额为（　　）。

A．23 800 元　　　　B．23 400 元

C．18 720 元　　　　D．19 120 元

【答案】D

【解析】本题为 2007 年高考题。商业折扣在销售时即已发生，在确认销售收入时要按扣除商业折扣后的金额入账。

应收账款入账金额=20 000×（1−20%）×（1+17%）+400=19 120（元）

【例 3】企业在赊销商品时，为加速货款回笼，对客户在折扣期内付款而给予总价上的优惠，为（　　）。

A．商业折扣　　　　B．现金折扣

C．销售折让　　　　D．销售退回

【答案】B

【解析】本题为 2008 年高考题，考查现金折扣的概念。

【例 4】采用总价法确定应收账款入账金额后，若购货方在折扣期内实际取得了现金折扣，这部分现金折扣对于销售方而言应（　　）。

A．增加当前管理费用　　　　B．增加当期财务费用

C．冲减当期主营业务收入　　　　D．增加当期主营业务成本

【答案】B

【解析】本题为 2013 年高考题。购货方因在折扣期内付款取得的折扣，销售企业将其确认为当期的财务费用。

【例 5】在应收账款核算中，客户因在折扣期内付款而取得的现金折扣，销售企业应将其确认为当期的（ ）。

A．理财收益　　B．管理费用

C．销售费用　　D．财务费用

【答案】D

【解析】本题为 2015 年高考题。客户因在折扣期内付款取得的折扣，销售企业将其确认为当期的财务费用。

【例 6】M 企业采用备抵法核算坏账，坏账准备按应收账款余额的 0.5%计提。2004 年年初“坏账准备”账户的期初余额为 2 万元，当年年末应收账款余额为 1000 万元；2005 年发生坏账 3 万元，收回以前年度已注销的坏账 1 万元。若 2005 年年末应收账款余额为 800 万元，则年末应计提的坏账准备是（ ）。

A．4 万元　　B．2 万元　　C．1 万元　　D．3 万元

【答案】C

【解析】本题为 2006 年高考题。

年末应计提坏账准备=800 × 0.5%−1000 × 0.5%+3−1=1（万元）。

【例 7】某公司 2008 年年末应收账款余额为 1000 万元，“坏账准备”账户贷方余额为 5 万元，坏账准备金提取比例为 5%，2009 年收回已注销的坏账 2 万元，年末应收账款余额为 800 万元，无其他应收事项，那么该公司 2009 年年末应（ ）。

A．计提坏账准备 4 万元　　B．补提坏账准备 2 万元

C．冲减坏账准备 7 万元　　D．冲减坏账准备 3 万元

【答案】D

【解析】本题为 2010 年高考题。2009 年应计提的坏账准备=800 × 5‰−5−2=−3（万元）。

【例 8】2011 年年初“应收账款”账户余额为 1000 万元，“坏账准备”账户余额为 5 万元，坏账准备金率为 0.5%，当年收回已做坏账处理的款项 8 万元，确认的坏账为 12 万元，年末“应收账款”账户余额为 1200 万元，那么年末“坏账准备”账户的余额为（ ）。

A．6 万元　　B．8 万元

C．12 万元　　D．5 万元

【答案】A

【解析】本题为 2012 年高考题。“坏账准备”账户的余额=1200 × 0.5%=6（万元）。

【例 9】惠东公司为增值税一般纳税人，增值税率为 17%。2015 年初“应收账款”账户余额为 800 000 元，“坏账准备”账户贷方余额为 4 000 元。该公司采用应收账款余额百分比法计提坏账准备，计提比例为 0.5%。2015 年发生有关的部分经济业务如下。

（1）向远达公司赊销商品 5 000 件，每件商品标价 100 元（不含税）。为了鼓励多购买商品，给予远达公司 10%的商业折扣。已开出增值税专用发票，商品已发出。

（2）向远航公司销售商品一批，开具的增值税专用发票上注明价款 80 000 元，增值税税额 13 600 元。为了及早收回货款，在合同中规定的现金折扣条件为：2/10，1/20，n/30。

（3）因远扬公司破产，清算完成后，确认有应收账款 90 000 元不能收回，作为坏账处理。

（4）持有金额为 702 000 元的商业汇票到期，付款人远通公司无力支付。

（5）年末，“应收账款”账户余额为 1 200 000 元，“坏账准备”账户借方余额为 70 000 元。根据应收账款百分比法，进行坏账准备的期末调整。

要求：根据上述经济业务，编制惠东公司相关的会计分录。

【答案】

（1）借：应收账款——远达公司　526 000

　　贷：主营业务收入　450 000

　　　　应交税费——应交增值税（销项税额）　76 500

（2）借：应收账款——远航公司　93 600

　　贷：主营业务收入　80 000

　　　　应交税费——应交增值税（销项税额）　13 600

（3）借：坏账准备　90 000

　　贷：应收账款——远扬公司　90 000

（4）借：应收账款——远通公司　702 000

　　贷：应收票据——远通公司　702 000

（5）借：资产减值损失　76 000

　　贷：坏账准备　76 000

【解析】本题为 2016 年高考题。主要考查坏账准备的核算，同时又涉及了现金折扣的核算等知识点，是综合性较强的题目。

课堂练习

一、单选题

1．采用总价法确定应收账款入账金额后，若购货方在折扣期内实际取得了现金折扣，这部分现金折扣对于销售方而言应（　　）。

A．增加当前管理费用　　B．增加当期财务费用

C．冲减当期主营业务收入　　D．增加当期主营业务成本

2．企业销售产品一批，不含税售价为 20 000 元，增值税率为 17%，商业折扣为 10%，代垫运杂费 500 元，现金折扣条件为 5/10，3/20，n/30，客户于第 15 天付款，企业应确认的销售收入为（　　）元。

A．20 000　　B．20 500

C．20 982　　D．18 000

3．企业销售产品一批，不含税售价为 20 000 元，增值税率为 17%，商业折扣为 10%，代垫运杂费 500 元，现金折扣条件为 5/10，3/20，n/30，客户于第 15 天付款，应收账款入账金额为（　　）。

A．21 560　　B．23 900　　C．20 982　　D．18 500

4．企业销售产品一批，不含税售价为 20 000 元，增值税率为 17%，商业折扣为 10%，代垫运杂费 500 元，现金折扣条件为 5/10，3/20，n/30，客户于第 15 天付款，则给予客户的现金折扣为（　　）元。

A．631.8　　B．600　　C．540　　D．646.8

5．企业销售产品一批，不含税售价为 20 000 元，增值税率为 17%，商业折扣为 10%，代垫运杂费 500 元，现金折扣条件为 5/10，3/20，n/30，客户于第 15 天付款，则企业实际收到货款（　）元。

A．21 020　　B．22 800　　C．209 13.2　　D．20 928.2

6．在确认应收账款的入账价值时应考虑的因素有（　　）。

A．销售折让　　B．销售退回　　C．商业折扣　　D．现金折扣

7．乙企业年末“应收账款”账户借方余额为 500 000 元，“坏账准备”账户贷方余额为 6000 元，按应收账款余额的 1%提取坏账准备，则应冲回的坏账准备是（　　）。

A．1000 元　　B．5000 元　　C．6000 元　　D．7000 元

8．某企业不设“预收账款”科目，将预收账款业务并入“应收账款”科目核算，年末“应收账款”账户借方余额 800 万元，所属明细账户借方余额合计为 840 万元，贷方余额合计为 40 万元，“坏账准备”账户贷方余额为 2 万元，如果企业按应收账款余额的 0.5%计提坏账准备，则年末应补提的坏账准备为（　　）元。

A．20 000 元　　B．40 000　　C．22 000　　D．42 000

9．某企业“应收账款”明细账借方余额合计为 280 000 元，贷方余额合计为 70 000 元，坏账准备提取比例为 0.5%，计提前“坏账准备”账户有贷方余额 500 元，则资产负债表上，应收账款项目为（　　）元。

A．280 000　　B．278 600　　C．208 950　　D．279 100

10．企业期末应收账款账户借方余额 207 000 元，其所属明细账户贷方余额为 73 000 元，坏账准备账户贷方余额 1000 元，其中针对应收账款计提的坏账准备为 680 元，在企业资产负债表中应收账款期末数应为（　　）。

A．280 000　　B．279 320　　C．207 000　　D．206 320

二、业务题

1．某企业坏账损失采用备抵法核算，坏账准备的提取比例为 5%。

第一年末，应收账款余额为 600 000 元；

第二年 5 月，发生坏账 4000 元；

第二年末，应收账款余额为 700 000 元；

第三年 8 月，上年已转销的坏账又收回 1000 元，存入银行；

第三年末，应收账款余额为 800 000 元。

计算各年末应计提的坏账准备并作出相关的账务处理。

2．A 企业销售给 B 企业某产品 30 000 件，商品价目表上的价格为 10 元，由于 B 企业购买数量较多，A 企业决定给予 B 企业 5%的商业折扣，双方协商的付款条件为 2/10，1/20，n/30。作出 A 企业赊销、10 天内收款、20 天内收款、30 天内收款的会计分录。

3．乙企业采用“应收账款余额百分比法”核算坏账损失，坏账准备的提取比例为 0.5%，2013 年年末应收账款余额为 250 000 元，“坏账准备”贷方余额为 1250 元。2014 年发生以下经济业务。

（1）本年共赊销商品 200 000 元，增值税 34 000 元。

（2）经有关部门确认的坏账损失为 2000 元。

（3）所持有的商业承兑汇票，面值 585 000 元，9 月 10 日到期，由于付款方无力兑付货款，转做应收账款。

要求：计算年末应计提的坏账准备，并作出有关会计分录。

第二节　应收票据

知识清单

1．应收票据是指________________。
2．应收票据分类：________________。
3．应收票据的核算________________。
（1）因销售商品等收到商业汇票时分录：________________。
（2）带息票据计提利息时分录：________________。
（3）票据到期，付款人付款时分录：________________。
（4）票据到期，付款人无款支付时分录：________________。
4．应收票据贴现是指________________。
5．票据到期值=________________（不带息票据）。
票据到期值=________________（带息票据）。
6．贴现利息=________________。
7．贴现所得=________________。
8．贴现期是指________________。

知识点解析

（1）掌握应收票据基本业务处理。
（2）应收票据贴现的有关计算。
（3）应收票据贴现的账务处理：带追索权与不带追索权。

9．带追索权票据的贴现：________________。
（1）贴现时会计处理：________________。
（2）票据到期，承兑人按期付款：________________。
（3）票据到期，承兑人无力支付款项：________________。
同时，银行对贴现企业进行扣款：________________。
10．不带追索权票据的贴现：________________。

知识点解析

（1）票据利息与贴现利息的计算均用到利率，要区分票面利率与贴现利率。
（2）利率与期限口径要保持一致性，利率为年利率时，期限要换算为以年为单位。
（3）贴现天数的计算、票据到期日的计算，一般是算头不算尾，也可以是算尾不算头，总之是两头算一头。

经典例题解析

【例 1】企业签发的银行承兑汇票，如果到期无力支付票款，应贷记的账户是（　　）。

A．应付账款　　B．短期借款

C．应付票据　　D．其他应付款

【答案】B

【解析】本题为 2016 年春考试题，考核的知识点为，银行承兑汇票的核算。

【例 2】一张面额为 10 000 元的商业承兑汇票，出票期为 6 月 10 日，期限为 90 天，则到期日为（　　）。

A．9 月 8 日　　B．9 月 9 日

C．9 月 10 日　　D．9 月 11 日

【答案】A

【解析】按实际日历天数计算，期限 90 天包括：6 月 10 至 6 月 30 日为 21 天、7 月份 31 天、8 月份 31 天、9 月份 7 天，则到期日为 9 月 8 号（算头不算尾）。

【例 3】2006 年 7 月 5 日，乙公司将一张面值 60 000 元，期限为 90 天，已经持有 30 天的商业承兑汇票向银行申请贴现，银行年贴现率为 9%，则乙公司实收贴现金额是（　　）。

A．58 650 元　　B．59 100 元

C．59 550 元　　D．60 900 元

【答案】B

【解析】本题为 2007 年的高考题。贴现利息=60 000 × 9% × 60/360=900（元）；实收贴现金额=60 000−900=59 100（元）。

【例 4】某企业于 5 月 15 日将 4 月 5 日签发，期限 90 天，面值 10 000 元的票据到银行办理贴现，带追索权，银行年贴现率为 9%。

要求：计算贴现天数、贴现利息及贴现所得并作出有关会计分录。

【答案】贴现天数=90−40=50（天）

贴现利息=10 000×9%×50/360=125（元）

贴现所得=10 000−125=9875（元）

借：银行存款　　9875

　　财务费用　　125

　　贷：短期借款　　10 000

【解析】贴现天数为贴现日到到期日的天数，由于不知道到期日为哪天，所以可以先计算出企业持有票据的天数，用总天数扣除持有的天数，得到贴现的天数。

【例 5】嘉瑞公司为增值税一般纳税人，增值税税率为 17%。2012 年有关商业汇票的经济业务如下。

（1）5 月 31 日，销售商品一批，含税价为 234 000 元，收到康欣公司交来签发的金额为 234 000 元带息商业汇票一张，承兑期为 5 个月，票面利率为 6%。

（2）7 月 31 日，嘉瑞公司持商业汇票向银行申请贴现，带追索权，年贴现率为 7.2%，当日取得贴现额，存入银行。

（3）10 月 31 日，到期承兑人康欣公司因账户存款不足，无力支付款项。

（4）10 月 31 日，嘉瑞公司的银行账户存款仅为 100 000 元。

要求：根据以上业务编制有关嘉瑞公司销售商品、按月计算票据利息、票据贴现、票据到期以及不足以支付票据贴现款的会计分录。

【答案】

（1）销售商品

借：应收票据　　234 000

　　贷：主营业务收入　　200 000

　　　　应交税费——应交增值税（销项税额）　　34 000

（2）按月计提利息时：

借：应收票据　　1170

　　贷：财务费用　　1170

（3）票据到期值=234 000+5×1170=239 850（元）

贴现利息=239 850×7.2%×3/12=4317.3（元）

贴现所得=239 850−4317.3=235 532.7（元）

借：银行存款　　235 532.7

　　财务费用　　4317.3

　　贷：短期借款　　239 850

（4）借：应收账款　　239 850

　　　　贷：应收票据　　239 850

（5）借：短期借款　　100 000

　　　　贷：银行存款　　100 000

【解析】本题为 2013 年高考题，考查了应收票据从取得、计提利息、票据贴现到票据到期付款方无款支付的业务，综合性高。对于带息票据的贴现要掌握票据到期值的计算。

课堂练习

一、单选题

1．一张面额为 10 000 元的商业承兑汇票，出票期为 7 月 10 日，期限为 90 天，则到期日为（　　）。

A．10 月 7 日　　B．10 月 8 日　　C．10 月 9 日　　D．10 月 10 日

2．在我国会计实务中，应收票据是企业持有的（　　）。

A．银行汇票　　B．银行本票　　C．支票　　D．商业汇票

3．我国现行制度规定，应收票据按（　　）计价入账。

A．票据面值　　B．票据到期值
C．票据贴现值　　D．票据到期值的现值

4．6月8日，某公司将一张到期日为7月2日的商业汇票到银行办理贴现，贴现日数为（　　）。

A．24天　　B．23天　　C．22天　　D．25天

5．企业持有的商业承兑汇票到期，如果付款方无款支付，则应将其转作（　　）。

A．应付账款　　B．短期借款　　C．应收账款　　D．其他应收款

6．带追索权票据贴现的账务处理，“财务费用”表示（　　）。

A．票据利息　　B．贴现利息　　C．到期利息　　D．存款利息

7．带息票据不带追索权时贴现的账务处理，“财务费用”表示（　　）。

A．票据利息　　B．贴现利息
C．到期利息　　D．贴现所得与应收票据账面价值的差额

8．不带追索权下票据贴现的账务处理，应贷记（　　）。

A．短期借款　　B．应收票据
C．应收账款　　D．其他应收款

二、计算题

1．6月15日，A公司收到B公司签发的面值为8000元，60天到期的不带息票据，于6月30日申请贴现，年贴现率为10%。计算贴现期、贴现利息、贴现所得。

2．某企业2014年3月5日，销售一批产品，开具增值税专业发票，价款30 000元，增值税5100元，收到对方签发并承兑的6个月期限带息票据一张，票面利率5%。该企业于5月5日持商业汇票向银行申请贴现，银行审查后同意，年贴现率为6%。

计算：票据到期值、贴现利息、贴现所得。

三、业务题

1．甲公司为增值税一般纳税人，2012年发生下列业务。

（1）3 月 8 日向乙企业销售一批商品，价款 50 000 元，增值税 8 500 元，共计 58 500 元，收到对方开出的期限是三个月的不带息商业承兑汇票一张。

（2）4 月 8 日，甲公司因急需资金，持该汇票到银行办理贴现，带追索权，年贴现率为 9%。

（3）该贴现的汇票到期后，乙企业无款支付，银行将票据交还甲公司，并将款项从甲公司账上划出。

要求：作出以上业务的会计分录。

2. 某企业 2012 年 11 月 1 日销售 B 产品一批，价款 80 000 元，增值税 13 600 元，收到对方签发的五个月、年利率为 6%的商业汇票一张，2013 年 1 月 1 日因资金需要，将汇票到银行申请贴现，年贴现率 9%，带追索权。

要求：（1）编制 11 月 1 日销售实现的分录。

（2）编制每月末计息的分录。

（3）计算贴现利息和贴现所得，并编制取得贴现的会计分录。

（4）编制票据到期不能收回，银行对贴现企业进行扣款的分录。

（5）假如为不带追索权的贴现，做出相关账务处理。

第三节　预付账款

知识清单

1. 预付账款是指____。

2. “预付账款”账户性质及结构：______________________________。

3. 预付款项时分录：____。

4．收到所购货物时分录：________________________________。

5．补付货款时分录：__________________________________。

6．退回多余款：______________________________________。

知识点解析

（1）熟悉预付账款账户的结构。

（2）掌握预付账款基本业务处理。

经典例题解析

【例 1】下列资产账户中，只可能发生在采购过程中和采购前后并体现货款结算的是（　　）。

A．应收账款　　B．应收票据　　C．预付账款　　D．其他应收款

【答案】C

【解析】本题为 2010 年的高考题。考查了预付账款的核算步骤，预付账款在采购前预付，收到货物后结转，最后补付货款。

【例 2】对于预付款不多的企业，可以不设置“预付账款”账户，而是通过（　　）账户核算。

A．应收账款　　B．应收票据　　C．应付账款　　D．其他应收款

【答案】C

【解析】对于预付款不多的企业，可以不设置“预付账款”账户，而直接通过“应付账款”账户核算。

课堂练习

业务题

1．东风工厂 2013 年发生如下经济业务。

（1）3 月 5 日，从北方公司采购甲商品一批，价款 200 000 元，增值税 34 000 元，双方约定预付 50%价款，余款在收货后一次付清。款项以银行存款支付。

（2）3 月 15 日，收到甲商品并验收入库。

（3）3 月 15 日，开出转账支票支付甲商品剩余款。

要求：根据以上经济业务，编制东风工厂的会计分录。

2．A 公司向 B 公司订购材料一批（材料按实际成本计价），预付货款 20 000 元，以银行存款支付。20 日后订购材料运抵本厂，货款 30 000 元，增值税 5100 元。按合同规定，A 公司向 B 公司补付尚欠货款。

要求：根据以上经济业务，编制A公司的会计分录。

第四节　其他应收款

知识清单

1. 其他应收款是指________________。
2. 备用金的核算分为________________。
3. 定额备用金下，支付备用金分录：________________。
4. 使用后，按规定报销补齐备用金：________________。
5. 年终，交回备用金：________________。
6. 应收各种赔款、罚款等分录：________________。
7. 存出保证金（支付押金）分录：________________。
8. 收回押金时分录：________________。
9. 应向职工收取的各种垫付款项________________。

垫付时：________________。

从工资中扣回时：________________。

知识点解析

一次报销制与定额备用金制在核算上的不同：

1. 一次报销制的核算分为两步，定额备用金制的核算分为三步；

2. 一次报销制的两步核算与定额备用金制的第一步、第三步相同，定额备用金的第二步“报销补齐”是两者最主要的区别。

经典例题解析

【例1】下列不属于其他应收款核算范围的是（　　）。

A．各种赔款、罚款　　B．代购货方垫付的运费

C．代职工垫付的水电费　　D．存出保证金

【答案】B

【解析】本题为2006年的高考题。考查了其他应收款的内容。“代购货方垫付的运费”属于“应收账款”的内容。

【例 2】某企业对某生产车间采用定额备用金制度，当该车间报销日常管理支出而补足其备用金定额时，应贷记的账户是（　　）。

A．其他应收款　　B．制造费用

C．库存现金　　D．其他应付款

【答案】C

【解析】本题为 2008 年的高考题。采用定额备用金核算时，报销费用应贷记“库存现金”。

课堂练习

一、单选题

1．在定额备用金制下，经办人员按规定报销时，应（　　）。

A．借记“管理费用”等账户，贷记“库存现金”

B．借记“其他应收款”，贷记“库存现金”

C．借记“管理费用”等账户，贷记“其他应收款”

D．借记“库存现金”，贷记“其他应收款”

2．实行定额备用金制的某采购人员预借了差旅费，出差回来后向会计部门报销，会计部门以现金补足实额，该业务应借记（　　）账户进行核算，贷记（　　）账户。

A．管理费用　　B．其他应收款

C．库存现金　　D．其他应付款

3．实行定额备用金的车间，管理人员报销车间办公费用时，应（　　）。

A．借记“管理费用”等账户，贷记“库存现金”

B．借记“其他应收款”，贷记“库存现金”

C．借记“制造费用”等账户，贷记“库存现金”

D．借记“库存现金”，贷记“其他应收款”

二、业务题

作出以下业务的会计分录。

1．甲企业对其供应科的备用金采用定额备用金核算，定额为 3000 元。1 月 2 日供应科预借备用金 3000 元；3 月 8 日供应科报销办公费 800 元；年终，供应科报销办公费 2600 元，同时交回现金 400 元。根据上述资料，作出有关会计分录。

2．企业租入包装物一批，以银行存款支付包装物押金 1000 元。根据上述资料，作出有关会计分录。

3．企业代职工垫付本月水电费 2000 元，在发工资时从应付工资中扣除。根据上述资料，作出有关会计分录。

4．盘亏原材料一批，计 540 元，经批准后，应由保管人员赔偿 60 元，其余列作管理费用。根据上述资料，作出有关会计分录。

第三章

存　货

考纲要求

1．了解存货的概念、存货的内容和分类；理解存货入账价值的确定；

2．掌握存货成本的计价方法及其应用；

3．理解库存商品、委托加工物资、周转材料以及存货清查结果的核算。

考纲分析

1．本章内容较多、难度较高，考查的重点是存货成本的计价方法及其应用、周转材料的核算等。

2．近几年的高考题涉及比较多的主要是存货成本的计价方法及其应用，有计算题单独考查实际成本计价下存货发出的方法与材料成本差异的计算，也有在存货收发的业务中融合进计算，增加了题目的难度。

第一节　存货概述

知识清单

1．存货。

存货是指企业在日常活动中持有以备出售的__________________，处在生产过程中的______________，以及生产过程或提供劳务过程中耗用的________________等。

2．存货确认的条件。

（1）_________________________________；

（2）_________________________________。

3．存货确认标准。

（1）____________________；（2）__________________。

4．外购存货的成本包括：①____________②____________③____________。

5．加工取得存货成本的确定____________________________________。

（1）自制存货成本：①________________②________________。

（2）委托外单位加工的存货：________________。

6．投资者投入存货的成本，按照________________。

7．接受捐赠的存货，应当分别以下情况确定实际成本：________________。

（1）捐赠方提供了有关凭据的，按________________。

（2）捐赠方没有提供有关凭据的，应当参照________________。

8．企业接受的债务人以非现金资产抵偿债务方式取得的存货或以应收款项换入存货的，按照换入存货的，作为实际成本________________。

9．盘盈的存货，应当按照________作为实际成本________________。

10．存货按经济内容分类：

①________________；②________________；③________________；
④________________；⑤________________；⑥________________。

11．存货按其存放地点不同分类：①________；②________；③________。

12．存货收入的原始凭证：①________________；②________________。

13．存货发出的原始凭证：①________________；②________________。

知识点解析

（1）存货应当按照成本进行初始计量。存货成本包括采购成本、加工成本和其他成本三个组成部分。

（2）外购存货的成本计算要正确处理增值税等有关税费。一般纳税人外购存货的增值税不计入存货成本，小规模纳税人外购存货支付的增值税计入外购存货成本。

经典例题解析

【例 1】下列各项不应计入生产加工企业购入存货成本的是（　　）。

A．买价　　　　B．入库前挑选整理费用

C．运费　　　　D．超定额损耗

【答案】D

【解析】本题为 2004 年高考题。外购存货的入账价值包括价款、相关税费、其他采购费用，其他采购费用包括运输途中合理损耗，超定额损耗不属于外购存货成本。

【例 2】K 企业为增值税一般纳税企业，购入乙材料 3000 吨，增值税专用发票上注明的售价为每吨 1400 元，增值税额为 714 000 元，另发生运输费用 42 000 元（不考虑增值税），装卸费 13 000 元，途中保险费用 9000 元。原材料抵达企业后，验收入库材料为 2997 吨，运输途中发生合理损耗 3 吨。该原材料的入账价值为（　　）。

A．4 978 000 元　　B．4 264 000 元　　C．4 261 000 元　　D．4 259 736 元

【答案】B

【解析】本题为 2006 年高考题。原材料入账价值=3000×1400+42 000+13 000+9000=4 264 000（元）。

【例 3】某企业为增值税一般纳税人，该企业购入甲材料 1000 千克，单价 30 元，价款 30 000 元，增值税为 5100 元，发生运费 1000 元，运输途中发生合理损耗 10 千克，入库前

发生挑选整理费 750 元。该批甲材料的单位采购成本为（　　）。

A．32 元　　B．31.75 元　　C．32.07 元　　D．31.38 元

【答案】C

【解析】本题为 2010 年高考题（作了改动）。甲材料的单位采购成本=（30 000+1000+750）/（1000−10）=32.07 元。

【例 4】企业购买 A 材料一批，买价 10 000 元，增值税额 1700 元，运杂费 1000 元，途中合理损耗 100 元。则 A 材料的采购成本为（　　）。

A．12 800 元　　B．11 100 元　　C．11 000 元　　D．10 900 元

【答案】C

【解析】本题为 2013 年高考题。A 材料的采购成本=10 000+1000=11 000（元）。该题目缺少条件：企业为一般纳税人。因为一般纳税人与小规模纳税人外购存货时增值税的处理是不一样的。

【例 5】关于存货入账价值的确定，下列说法错误的是（　　）。

A．接受捐赠的存货，捐赠方提供了有关凭据的，按凭据上标明的金额加上应支付的相关税费作为实际成本

B．企业接受的债务人以非现金资产抵偿债务方式取得的存货或以应收款项换入存货的，按照取得或换入存货的公允价值作为实际成本

C．投资者投入的存货成本，应当按照投资合同或协议约定的价值确定，但合同或协议约定价值不公允的也应一并确定

D．盘盈的存货，应当按照同类或类似存货的市场价格作为实际成本

【答案】C

【解析】本题为 2015 年高考题，主要考查存货入账价值的确定：投资者投入存货的成本，应当按照投资合同或协议约定的价值确定，但合同或协议约定价值不公允的除外。

课堂练习

一、单选题

1．企业经过加工后构成产品主要实体的材料是（　　）。

A．原料及主要材料　　B．辅助材料

C．修理用备件　　D．低值易耗品

2．下列不属于企业存货的是（　　）。

A．原材料　　B．包装物

C．自制半成品　　D．机器设备

3．外购材料入库应填制（　　）。

A．库存商品入库单　　B．领料单

C．收料单　　D．退料单

4．生产上经常领用并规定有消耗定额的各种材料，在领用时应填制（　　）。

A．限额领料单　　B．领料单

C．领料登记簿　　　　　　　　　　　D．退料单

5．某厂为一般纳税人，购入材料一批，价款 100 000 元，增值税 17 000 元，应负担的运杂费 3000 元，采购员差旅费 2000 元，则该批材料的采购成本是（　　）元。

A．120 000　　B．122 000　　C．105 000　　D．103 000

6．下列各项中，不属于企业存货的是（　　）。

A．企业已购入但尚未入库的原材料

B．企业委托其他企业加工的物资

C．企业委托其他单位代销的商品

D．已出售但尚未提走仍然存放在企业仓库的商品

7．甲工业企业为增值税一般纳税人，适用增值税率为 17%，本期购入原材料 100 公斤，价款为 57 000 元（不含增值税），验收入库时发现短缺 5%，经查属于运输途中合理损耗，该批原材料入库前的挑选整理费用为 380 元。该批原材料实际单位成本每公斤（　　）。

A．545.3 元　　B．573.8 元　　C．604 元　　D．706 元

8．下列不构成企业存货实际成本的项目是（　　）。

A．支付的买价　　　　　　　　　　B．入库前的挑选整理费用

C．运输途中的合理损耗　　　　　　D．一般纳税人购货时的增值税进项税额

9．小规模纳税企业购入原材料取得的增值税专用发票上注明：货款 20 000 元。增值税 3400 元，在购入材料的过程中另支付运杂费 600 元。则该企业原材料的入账价值为（　　）元。

A．24 000　　B．20 600　　C．20 540　　D．23 400

二、计算题

某工业企业为增值税一般纳税人，购入乙材料 2000 吨，收到的增值税专用发票上注明的售价为每吨 500 元，增值税额为 170 000 元。另发生运杂费 25 000 元。

（1）原材料运抵企业后，验收入库原材料为 1998 吨，运输途中发生合理损耗 2 吨。计算该原材料的入账价值与单位成本。

（2）如果入库时短缺 10 吨，为供货单位少发，计算实际入账价值与单位成本。

（3）如果入库时短缺 10 吨，其中 4 吨属于合理损耗，6 吨为供货单位少发，计算实际入账价值与单位成本。

第二节　存货成本的计价方法及其应用

知识清单

1．存货按实际成本计价的方法。

（2）先进先出法。

①含义：____________________。

②方法：____________________。

③优缺点及适用范围：

优点：____________________。

缺点：____________________。

适用范围：____________________。

（2）加权平均法。

①含义：____________________。

②公式：____________________。

加权平均单价=____________________。

发出存货的成本=____________________。

期末结存存货成本=____________________。

③优缺点。

优点：____________________。

缺点：____________________。

（3）个别计价法。

①含义：____。

②优缺点及适用范围。

优点：____。

缺点：____。

适用范围：____。

知识点解析

（1）存货成本的计价方法有两种：实际成本计价和计划成本计价。

（2）在实际成本计价时，发出存货的方法有：先进先出法、加权平均法和个别计价法。

会计核算的账户有：在途物资与原材料等。

（3）在计划成本计价时，需要通过计算本月材料成本差异率来计算发出材料负担的成本差异，从而计算出发出材料的实际成本。

会计核算的账户有：材料采购、原材料、材料成本差异等。

2．存货按实际成本计价的核算。

账户设置：原材料、在途物资、银行存款、应付账款等。

（1）原材料收入的核算。

①外购材料的核算。

材料与账单同时到达分录：

____

____

____。

材料未到而账单先到分录：

____

____

____。

材料到达入库后分录：

____

____

____。

材料已到，账单未到，月末暂估价入账分录：

____

____

____。

下月初红字冲回分录：

____

____。

②自制材料入库分录。

____

____。

（2）原材料发出的核算。

分录：____

____

____。

3．存货按计划成本计价的核算。

（1）账户设置：原材料、材料采购、材料成本差异等。

材料成本差异：核算计划成本与实际成本的差额。

借方登记：________________________；

贷方登记：________________，以及________________________。

期末借方余额，反映____________差异；贷方余额，反映____________差异。

（2）原材料收入的核算。

①外购材料的核算。

a．材料与账单均到：

采购时：____

____

____。

入库时：____

____。

b．材料已到，账单未到：

月末暂估入账：____

____。

下月红字冲回：____

____。

c．收料时，发现短缺与损耗（非合理损耗）：

非合理损耗部分从“材料采购”转入“待处理财产损溢”：

____

____。

查明原因后，进行处理：

____

____

____

____。

②自制材料入库的核算分录：

____

____

____。

（3）原材料发出的核算。

材料成本差异率=________________________________。
发出材料负担的成本差异=____________________________。
发出材料的实际成本=______________________________。
或=______________________________。
期末结存材料实际成本=____________________________。
或=____________________________。
期末结存材料成本差异=____________________________。
或=____________________________。

知识点解析

（1）材料成本差异、差异率有正数与负数两种情况。

（2）“材料成本差异”借方余额为超支差异，用正数；贷方余额为节约差异，用负数。

（3）当材料成本差异率不能整除时，计算期末结存的实际成本与期末结存的成本差异用“期初+收入-发出”的公式。

（4）发出的会计分录：

____
____
____
____
____
____。

经典例题解析

【例 1】甲企业 4 月 1 日存货结存数量 400 件，单价 8 元，4 月 5 日发出存货 300 件，4 月 10 日购进存货 400 件，单价 8.8 元，4 月 20 日发出 200 件，对存货采用加权平均法计价，月末结存存货实际成本为（ ）。

A．4200 元　　B．2400 元　　C．2520 元　　D．2640 元

【答案】C

【解析】本题为 2004 年高考题。

加权平均单价=（400×8+400×8.8）/（400+400）=8.4 元

期末存货成本=（400-300+400-200）×8.4=2520 元

【例 2】M 公司月初库存原材料计划成本为 18 000 元，材料成本差异借方余额为 1700 元，本月 15 日购入原材料的实际成本为 7300 元，计划成本为 7000 元，月末结存材料的计划成本为 10 000 元，本月发出材料的实际成本是（ ）。

A．15 000 元　　B．16 200 元　　C．11 200 元　　D．13 800 元

【答案】B

【解析】本题为 2006 年高考题。

材料成本差异率=（1700+7300-7000）/（18 000+7000）=8%

发出材料实际成本=（18 000+7000−10 000）×（1+8%）=16 200元

【例 3】某企业 5 月 1 日存货结存数量为 400 件，单价为 8 元；5 月 6 日发出存货 300 件；5 月 10 日购进存货 400 件，单价 8.8 元；5 月 25 日发出存货 200 件。在对存货发出采用加权平均法的情况下，本月发出存货的实际成本为（　　）。

A．4200 元　　B．4400 元　　C．2520 元　　D．4000 元

【答案】A

【解析】本题为 2009 年高考题。

加权平均单价=（400×8+400×8.8）/（400+400）=8.4 元

发出存货成本=（300+200）×8.4=4200 元

【例 4】某企业对发出存货计价采用先进先出法，2013 年 1 月 1 日甲材料账面结存数量 200 千克，单位成本 6 元；1 月 6 日购入 800 千克，单位成本 6.2 元；1 月 18 日发出 900 千克；1 月 26 日购入 200 千克，单位成本 5.8 元。则本期甲材料的发出成本为（　　）。

A．5540 元　　B．5580 元　　C．5220 元　　D．5400 元

【答案】A

【解析】本题为 2013 年高考题。甲材料发出成本=200×6+700×6.2=5540（元）

【例 5】2004 年 4 月甲公司 C 材料期初数量为 500 千克，单价 36 元，总成本 18 000 元，本月材料收发业务如下。

（1）4 月 6 日购入 180 千克，单价 35 元。

（2）4 月 12 日发出 320 千克。

（3）4 月 18 日购入 320 千克，单价 37 元。

（4）4 月 21 日发出 400 千克。

要求：用加权平均法．先进先出法计算 C 材料发出存货总成本及期末存货结存成本。

【答案】加权平均法：

加权平均单价=（18 000+180×35+320×37）/（500+180+320）=36.14（元）

发出存货总成本=（320+400）×36.14=26 020.8 元

期末存货结存成本=（500+180−320+320−400）×36.14=10 119.2（元）

先进先出法：

发出存货成本=320×36+180×36+180×35+40×37=25 780（元）

期末存货结存成本=280×37=10 360（元）

【解析】本题为 2005 年高考题。考查实际成本计价下存货发出的方法。

【例 6】惠康公司为增值税一般纳税人，原材料按计划成本核算。2015 年 7 月初，结存材料计划成本为 300 000 元，材料成本差异为超支 12 000 元。7 月份发生下列义务。

（1）7 月 2 日，购入一批材料，取得增值税专用发票上注明价款为 224 800 元，该批材料的计划成本为 218 000 元，材料已验收入库，款项以银行存款支付。

（2）7 月 9 日，购入材料一批，取得增值税专用发票上注明的价款为 561 400 元，支付运费，取得增值税专用发票上注明的运费为 9 000 元，增值税税额 990 元，该批材料的计划成本为 602 000 元，材料已验收入库，全部款项以银行存款支付。

（3）7 月 13 日，购入一批材料，取得增值税专用发票上注明的价款为 390 000 元，取得

普通发票上注明的运费诶12 000元，该批材料的计划成本为420 000元，材料已验收入库，全部款项尚未支付。

（4）7月27日，商业汇票结算方式购入材料一批，取得的增值税专用发票上注明的价款为200 000元，该批材料的计划成本诶190 000元，材料尚未验收入库。

（5）月末根据“发料凭证汇总表”的记录，元材料的领用情况如下：基本生产车间上产甲产品和乙产品领用1 020 000元（甲产品的定额消耗量为60 000千克，乙产品的定额消耗量为42 000千克），辅助生产车间领料80 000元，基本生产车间一般耗用领料16 000元，行政管理部门领料9 000元，在建工程领料70 000元。

要求：（1）计算材料成本差异率。

（2）以定额消耗量作为分配标准，计算甲产品和乙产品耗用材料的实际成本。

（3）计算发出材料应负担的材料成本差异。

（4）计算“材料成本差异”账户的期末余额，并指出余额方向。

【答案】（1）材料成本差异率=（12 000+6 800−31 600−18 000)/(300 000+218 00+602 000＋420 000）×100%=−2%

（2）耗用材料分配率=1 020 000/(60 000+42 000=10(元/千克)

甲产品耗用材料的实际成本=60 000×10+60 000×（−2%）=588 000（元）

乙产品耗用材料的实际成本=42 000×10+42 000×（−2%）=411 600（元）

（3）发出材料应负担的材料成本差异=（1 020 000+80 000+16 000+9 000+70 000）×（−2%）=−23 900(元)

（4）“材料成本差异”账户的期末余额=−30 800−（−23 900）=−6 900（元）

【解析】本题为2016年高考题。考查计划成本计价下材料发出的计算，计算材料成本差异率是要注意未入库的材料和暂估价入账的材料的处理。

【例7】华昌公司的材料核算按计划成本计价，该企业月初结存原材料计划成本200 000元，月初“材料成本差异”账户的期初贷方余额700元。

本月收入原材料的计划成本700 000元，实际成本709 700元。

本月仓库发出原材料的计划成本为800 000元，其中生产A产品耗用350 000元，生产B产品耗用250 000元，车间一般耗用90 000元，企业管理部门耗用80 000元，销售部门耗用30 000元。

要求：（1）计算本月材料成本差异率。

（2）计算本月发出材料和期末结存材料应负担的材料成本差异。

（3）计算发出材料和期末结存材料的实际成本。

（4）结转本月发出材料的计划成本和应负担的成本差异。

【答案】（1）材料成本差异率=（−700+709 700−700 000）/（200 000+700 000）=1%

（2）发出材料负担的成本差异=800 000×1%=8000（元）

结存材料负担的成本差异=（200 000+700 000−800 000）×1%=1000（元）

（3）发出材料的实际成本=800 000+8000=808 000（元）

结存材料的实际成本=（200 000+700 000−800 000）+1000=101 000（元）

（4）借：生产成本——A　　　　350 000

——B　250 000
制造费用　90 000
管理费用　80 000
销售费用　30 000
贷：原材料　800 000
借：生产成本——A　3500
——B　2500
制造费用　900
管理费用　800
销售费用　300
贷：材料成本差异　8000

【解析】本题为 2010 年高考题。既考查了计划成本下材料成本差异的计算，又考查材料发出的核算。

【例 8】凯奇公司为增值税一般纳税人，发出材料采用加权平均法计价。2013 年 3 月 1 日甲材料账面结存数量为 228 千克，单价 62.5 元。3 月份发生与甲材料有关的经济业务如下。

（1）6 日，购入 800 千克，单价 61 元，价款 48 800 元，增值税 8296 元，运杂费 960 元，上述款项以银行存款支付，材料已验收入库。

（2）15 日，生产领用 900 千克。

（3）22 日，购入 500 千克，单价 59 元，价款 29 500 元，增值税 5015 元，材料在验收入库时发现短缺 28 千克，经查系运输途中的合理损耗，款项尚未支付。

（4）27 日，生产领用 420 千克。

要求：计算加权平均单价、计算发出甲材料的成本和结存甲材料的成本。

【答案】

加权平均单价=（228×62.5+48 800+960+29 500）/（228+800+500−28）=62.34（元）

发出甲材料的成本=（900+420）×62.34=82 288.8 元

结存材料成本=（228+800+500−28−900−420）×62.34=11 221.2 元

【解析】本题为 2014 年高考题。在计算购入的两批材料成本时，要考虑到其采购成本的构成包含运杂费、入库材料的数量按实际入库数量计算。

【例 9】鸿润公司为增值税一般纳税人，材料按计划成本核算，公司逐笔结转入库材料的计划成本和材料成本差异，月末汇总结转发出材料的计划成本和材料成本差异；本公司生产产品需用 A、B 两种材料，A 材料的计划单位成本为 100 元/kg，B 材料的计划单位成本为 500 元/kg。2010 年 10 月初结存材料的计划成本为 840 000 元。“材料成本差异——原材料”账户的月初借方余额为 8400 元，该公司本年 10 月份发生的有关原材料的经济业务如下。

（1）8 日，从外地华盛公司购入 A 材料 1000kg，取得增值税发票上注明：单价 100 元，价款 100 000 元，增值税 17 000 元，华盛公司代垫运费 1000 元（取得增值税专用发票），A 材料尚未到达。公司根据货款，增值税和代垫运费金额，签发了三个月的商业承兑汇票一张。

（2）10日，从华盛公司购入的A材料已运到，验收入库。

（3）16日，从本市华为公司购入B材料100kg，取得的普通发票上注明：单价526.70元，货款52 670元，货款以转账支票支付，材料已验收入库。

（4）20日，从外地华辉公司购入的A材料200kg，B材料100kg，取得增值税专业发票上注明：A材料单价为95元，价款19 000元，增值税3200元；B材料单价为490元，价款49 000元，增值税8330元。价税款尚未支付，材料尚未到达。

（5）22日，从华辉公司购入的材料，已验收入库，并以库存现金支付运杂费900元（未取得运费发票，运杂费按两种材料的重量比例分配）。

（6）26日，从外地华晨公司购入A材料300kg，材料已验收入库，但发票账单未到，货款未付。

（7）31日，从华晨公司购入的A材料，发票账单仍未到达，材料按计划成本暂估入账。

（8）31日，根据本月发出材料汇总表，本月发出原材料的计划成本为900 000元，其中：生产甲产品耗用500 000元，生产乙产品耗用300 000元，车间一般耗用50 000元，企业管理部门耗用30 000元，销售部门耗用20 000元。

（9）31日，计算并结转发出材料应负担的材料成本差异。

要求：根据以上资料编制鸿润公司有关原材料的会计分录。

【答案】

（1）借：材料采购——A材料　　101 000
　　（应交税费——应交增值税（进项税额）　　17 110
　　　　贷：应付票据　　118 110

（2）借：原材料——A材料　　100 000
　　　　材料成本差异　　1 000
　　　　贷：材料采购——A材料　　101 000

（3）借：材料采购——B材料　　52 670
　　　　贷：银行存款　　52 670

同时：
　　借：原材料——B材料　　50 000
　　　　材料成本差异　　2670
　　　　贷：材料采购——B材料　　52 670

（4）借：材料采购——A材料　　19 000
　　　　　　　　——B材料　　49 000
　　　　应交税费——应交增值税（进项税额）　　11 560
　　　　贷：应付账款　　79 560

（5）运费分配率=900/（200+100）=3元

A材料分配运费=200×3=600元

B材料分配运费=100×3=300元

　　借：材料采购——A材料　　600
　　　　　　　　——B材料　　300
　　　　贷：库存现金　　900

同时：

借：原材料——A 材料　20 000

——B 材料　50 000

贷：材料采购——A 材料　19 600

——B 材料　49 300

贷：　材料成本差异　1100

（6）暂不作账务处理

（7）借：原材料——A 材料　30 000

贷：应付账款——暂估应付账款　30 000

（8）借：生产成本——甲产品　500 000

——乙产品　300 000

制造费用　50 000

管理费用　30 000

销售费用　20 000

贷：原材料　900 000

（9）材料成本差异率=（8400+1 000+2670−1100）/（840 000+100 000+50 000+20 000+50 000）≈1.03%

借：生产成本——甲产品　5150

——乙产品　3090

制造费用　515

管理费用　309

销售费用≈　206

贷：材料成本差异　9270

【解析】本题为 2011 年高考题。主要考查了材料按计划成本计价材料的购入、发出的核算，以及涉及了材料成本差异率的计算，综合性较大。

【例 10】嘉祥公司为增值税一般纳税人，增值税税率为 17%，原材料按实际成本核算；本公司生产产品需用 A、B 两种材料，发出材料成本采用加权平均法。2012 年 7 月初结存 A 材料数量 1000 千克，单位成本 100 元，计 100 000 元；结存 B 材料数量 2000 千克，单位成本 200 元，计 400 000 元。该公司本年 7 月份发生的有关原材料的经济业务如下。

（1）3 日，从康乐公司购入 A 材料 500 千克，取得的增值税专用发票上注明：单价 100 元，价款 50 000 元，增值税 8500 元，A 材料尚未到达。本公司根据增值税专业发票上的价税合计金额，签发为期三个月的银行承兑汇票一张。

（2）5 日，从康乐公司购入的 A 材料已运到，发生合理损耗 10 千克，以现金支付运达后的挑选整理费用 490 元，实际验收入库 490 千克。

（3）8 日，生产产品领用 A 材料 800 千克，B 材料 1200 千克。

（4）12 日，从康华公司购入 B 材料 200 千克，取得的普通发票上注明货款 39 000 元。货款以转账支票支付，该材料已验收入库。

（5）19 日，从康威公司购入 A、B 两种材料，取得的增值税专用发票上注明：A 材料单价 101 元，数量 600 千克，价款 60 600 元，增值税 10 302 元；B 材料单价 207.4 元，数量

500 千克，价款 103 700 元，增值税 17 629 元。价税款尚未支付，材料已验收入库。

（6）24 日，生产产品领用 A 材料 900 千克、B 材料 700 千克，车间一般耗用 B 材料 80 千克，行政管理部门耗用 B 材料 20 千克。

（7）31 日，月末结转发出材料的成本。

要求：根据以上资料编制嘉祥公司有关的会计分录。

【答案】

（1）借：在途物资——A 材料	50 000	
应交税费——应交增值税（进项税额）	8500	
贷：应付票据		58 500
（2）借：在途物资——A 材料	490	
贷：库存现金		490
借：原材料——A 材料	50 490	
贷：在途物资——A 材料		50 490
（3）不作处理		
（4）借：原材料——B 材料	39 000	
贷：银行存款		39 000
（5）借：原材料——A 材料	60 600	
——B 材料	103 700	
应交税费——应交增值税（进项税额）	27 931	
贷：应付账款		192 231
（6）暂不处理		

（7）A 材料加权平均单价=（100 000+50 490+60 600）/（1000+490+600）=101（元/千克）

B 材料加权平均单价=（400 000+39 000+103 700）/（2000+200+500）=202（元/千克）

借：生产成本	555 500	
制造费用	16 160	
管理费用	4040	
贷：原材料——A 材料		171 700
——B 材料		404 000

【解析】本题为 2013 年高考题。主要考查实际成本计价下材料的收入与发出的核算，同时涉及了加权平均法计算发出材料的成本，综合性较强。

【例 11】俊丽公司为增值税一般纳税人，增值税税率为 17%，材料按计划成本进行核算。该公司 2014 年 8 月发生如下有关原材料的部分经济业务。

（1）购入丙材料一批，增值税专用发票上注明价款 200 000 元、增值税 34 000 元，其价税款已通过银行支付；材料已验收入库，该批材料的计划成本为 196 000 元。

（2）接受佳瑞公司投资转入的丁材料一批，增值税专用发票上注明价款 600 000 元、增值税额 102 000 元，双方确认的资本份额为 702 000 元，材料已验收入库；该批材料的计划成本为 612 000 元。

（3）自制加工一批戊材料，其生产的实际成本为 120 000 元，材料已验收入库，该批材料的计划成本为 115 000 元。

（4）月末，根据本月编制的发出材料凭证汇总表，本月领用丙材料 180 000 元、丁材料 520 000 元、戊材料 100 000 元，其中生产产品领用材料 700 000 元、基本生产车间一般耗用材料 70 000 元、行政管理部门耗用材料 30 000 元。

（5）月末，计算的原材料成本差异率为节约差异率 3%，根据本月编制的发出材料凭证汇总表，计算并结转本月发出材料成本差异。

要求：编制俊丽公司有关原材料业务的会计分录，涉及红字金额时用“”表示。

【答案】

（1）借：材料采购——丙材料	200 000	
应交税费——应交增值税（进项税额）	34 000	
贷：银行存款		234 000
借：原材料——丙材料	196 000	
材料成本差异	4000	
贷：材料采购——丙材料	200 000	
（2）借：材料采购——丁材料	600 000	
应交税费——应交增值税（进项税额）	102 000	
贷：实收资本		702 000
借：原材料——丁材料	612 000	
贷：材料采购——丁材料		600 000
材料成本差异		12 000
（3）借：原材料——戊材料	115 000	
材料成本差异	5000	
贷：生产成本		120 000
（4）借：生产成本	700 000	
制造费用	70 000	
管理费用	30 000	
贷：原材料——丙材料		180 000
——丁材料		520 000
——戊材料		100 000
（5）借：生产成本	21 000	
制造费用	2100	
管理费用	900	
贷：材料成本差异——丙材料		24 000

【解析】本题为 2015 年高考题。考查了材料按计划成本计价的核算，材料成本差异率不需要计算，难度不大。

【例 12】实践运用题：齐鲁公司为增值税一般纳税人，原材料采用实际成本核算，发出材料采用先进先出法。2007 年 3 月末，A 材料 1000 千克，单价 60 元。4 月份发生下列经济业务。

（1）4 月 8 日，购进 A 材料 3000 千克，单价 61 元，计价款 183 000 元，增值税 31 110 元，运杂费 3000 元，款项开出转账支票付讫，材料验收入库。

（2）4月15日，发出A材料2000千克，全部用于产品生产。

（3）4月21日，购进A材料1600千克，单价59.5元，增值税率17%，运杂费600元，搬运费200元，款项以银行存款付讫，验收入库时发现短少100千克，确认为合理损耗。

（4）4月22日，发出A材料1700千克，其中：生产产品耗用1200千克，行政管理部门耗用500千克。

（5）4月30日，发出A材料1500千克，全部用于生产产品。

要求：根据上述经济业务登记原材料明细账。

原材料明细账　　　　（材料名称：A材料）

年		摘要	收入			发出			结存		
月	日		数量	单价	金额	数量	单价	金额	数量	单价	金额

【答案】

原材料明细账　　　　（材料名称：A材料）

2007年		摘要	收入			发出			结存		
月	日		数量	单价	金额	数量	单价	金额	数量	单价	金额
4	1	期初余额							1000	60	60 000
	8	购进	3000	62	186 000				1000 3000	6062	60 000 186 000
	15	发出				1000 1000	60 62	60 000 62 000	2000	62	124 000
	21	购进	1500	64	96 000				2000 1500	62 64	124 000 96 000
	22	发出				1700	62	105 400	300 1500	62 64	18 600 105 400
	30	发出				300 1200	62 64	18 600 76 800	300	64	19 200
	30	本月合计	4500		282 000	5200		322 800	300	64	19 200

【解析】本题为 2007 年高考题。购入存货时，要确定其入库数量、总成本及单位成本，在购入存货发生其他采购费用以及入库时有损耗的情况下，其“数量”和“单价”需重新计算确定。

课堂练习

一、单选题

1．某企业月初库存材料为 100 吨，单价为 1400 元，本月购进两批材料，第一次为 300 吨，单价 1600 元，第二次为 100 吨，单价为 1500 元，则月底加权平均单价为（　　）元。

A．1543　　B．1640　　C．1540　　D．1535

2．存货发出平时只登记发出数量，月末才计算发出金额的方法是（　　）。

A．先进先出法　　B．后进先出法

C．加权平均法　　D．移动平均法

3．在采用计划成本计价核算的情况下，凡是货款已付的，无论材料到达与否，都应计入（　　）账户的借方。

A．应付账款　　B．材料采购

C．在途物资　　D．预付账款

4．M 公司月初结存材料的计划成本为 80 000 元，材料成本差异为借方余额 800 元；本月入库材料的计划成本为 100 000 元，实际采购成本为 98 500 元。当月生产车间领用材料的计划成本为 90 000 元。当月生产车间领用材料应负担的材料成本差异为（　　）元。

A．−350　　B．300　　C．−500　　D．340

5．某企业采用计划成本进行材料的日常核算。2014 年 12 月，月初结存材料计划成本为 300 万元，本月收入材料计划成本为 700 万元，月初结存材料成本差异为超支 2 万元，本月收入材料成本差异为节约 10 万元，本月发出材料成本为 800 万元，本月结存材料实际成本为（　　）。

A．197.6 万元　　B．202.4 万元　　C．201.6 万元　　D．198.4 万元

6．某企业月初结存材料的计划成本为 250 万元，材料成本差异为超支 45 万元；当月入库材料的计划成本为 550 万元，材料成本差异为节约 85 万元；当月生产车间领用材料的计划成本为 600 万元。当月生产车间领用材料的实际成本为（　　）万元。

A．502.5　　B．570

C．630　　D．697.5

7．材料成本差异账户余额在（　　）。

A．借方

B．贷方

C．无余额

D．可能在借方，也可能在贷方，也可能无余额

8．在通货膨胀时，能使本企业期末存货成本较高的方法是（　　）。

A．先进先出法　　B．后进先出法

C．加权平均法　　　　　　　　　　D．移动平均法

9．下列计价方法中，核算工作量较小，但不利于存货日常控制与管理的是（　　）。

A．先进先出法　　　　　　　　　　B．个别计价法

C．加权平均法　　　　　　　　　　D．后进先出法

10．甲企业4月1日存货结存数量为400件，单价为8元，4月5日发出存货300件，4月10日购进存货400件，单价为8.8元；4月20日发出200件存货。在对存货发出采用加权平均法的情况下，月末结存存货的实际成本为（　　）。

A．4200元　　　B．2400元　　　C．2520元　　　D．2640元

11．存货采用先进先出法计价，在物价上涨的情况下，将会使企业的（　　）。

A．期末存货升高，当期利润减少　　　B．期末存货升高，当期利润增加

C．期末存货降低，当期利润增加　　　D．期末存货降低，当期利润减少

12．M公司月初库存原材料计划成本为18 000元，材料成本差异借方余额为1700元，本月15日购入原材料的实际成本为7300元，计划成本为7000元，月末结存材料的计划成本为10 000元，本月发出材料的实际成本是（　　）。

A．15 000元　　　B．16 200元　　　C．11 200元　　　D．13 800元

二、计算题

1．企业月初结存原材料计划成本为320 000元。本月收入原材料的计划成本为345 000元，实际成本373 000元，本月发出原材料的计划成本为450 000元，“材料成本差异——原材料”账户的期初借方余额为400元。

要求：计算本月材料成本差异率，发出原材料应负担的成本差异及发出原材料的实际成本。

2．某企业为增值税一般纳税人，该企业采用计划成本进行原材料的核算，有关资料如下。

6月1日，原材料期初计划成本为160 000元，材料成本差异的贷方余额为7000元。

6月8日，购入原材料一批，买价为160 000元，增值税为27 200元，支付运杂费3800元（未取得专用发票），有关款项已通过银行支付，该材料的计划成本为160 000元，材料已验收入库。

6月30日，生产产品领用160 000元，车间管理部门领用12 000元，厂部领用8000元。

要求：根据以上资料计算下列内容。

（1）计算6月份的材料成本差异率。

（2）计算发出材料的实际成本。

（3）计算库存材料的实际成本。

（4）计算月末“材料成本差异”账户的余额。

三、业务题

1．某企业为增值税一般纳税人，材料按计划成本核算，甲材料计划单位成本为120元/kg，企业逐笔结转入库材料的成本和成本差异，月末汇总结转发出材料的成本和成本差异。该企业10月份发生以下经济业务。

（1）9日，从外地采购甲材料 6000kg，增值税专用发票上注明：单价 130 元，价款780 000元，增值税132 600元。销货方代垫运费1000元（取得增值税普通发票），材料尚未运到。企业签发为期两个月的商业承兑汇票一张。

（2）12日，上述材料运抵企业，验收时实际数量为5950kg，经查实短缺的50kg材料为定额内自然损耗。

（3）19 日，从本市购入甲材料 1000kg，增值税专用发票上注明：单价 115 元，价款115 000元，增值税19 550元，开出转账支票支付款项，材料已验收入库。

（4）31日，本月发出原材料的计划成本为800 000元，其中：生产A产品耗用430 000元，生产B产品耗用360 000元，生产车间一般耗用7000元，企业管理部门耗用2000元，销售部门耗用1000元。原材料的本月材料成本差异率为1%。

要求：根据以上经济业务，编制会计分录。

2．某企业材料按实际成本核算，发生下列购料业务，要求作出会计分录。

（1）企业购入乙材料一批500千克，每千克20元，共计10 000元，增值税1700元，货税款均以银行存款支付，材料已经验收入库。

（2）企业于 5 月 9 日从外地 A 公司购入丙材料一批 300 千克，每千克 10 元，共计 3000 元，增值税 510 元，款项均以银行汇票支付，材料尚未入库。

（3）5 月 20 日从外地购入丙材料已运达企业并验收入库。

第三节　库存商品

知识清单

1．库存商品是指________________________________。

2．外购库存商品的核算：________________________________。

3．自制商品入库的核算：________________________________。

4．库存商品出售的核算：________________________________。

确认收入分录：________________________________。

结转成本的分录：________________________________。

课堂练习

业务题

某企业本月初库存甲产品 200 千克，单位成本 560 元，本月份完工入库甲产品 670 千克，单位成本 600 元。本月份企业出售甲产品 700 千克，单价 1000 元，增值税税率 17%，款项收到存入银行。

要求：做出甲产品完工入库、销售、结转成本的会计分录（加权平均法计算发出的成本）。

第四节　委托加工物资

知识清单

1．委托加工物资的实际。

委托加工物资的实际成本包括：________________________________。

知识点解析

相关税费的处理：

（1）增值税：加工的物资用于应交增值税项目并取得了专用发票的一般纳税人，增值税计入“应交税费——应交增值税（进项税额）”，除此之外，增值税计入加工物资的成本“委托加工物资”。

（2）消费税：加工的物资是应税消费品的，应由委托方支付给受托方，受托方代为缴纳。加工的物资收回后用于连续生产应税消费品的，委托方支付消费税时，应借记“应交税费——应交消费税”；收回后直接出售的，所支付的消费税计入委托加工物资的成本“委托加工物资”。

2．委托加工物资的核算。

（1）拨付物资分录：____。

（2）支付的运费分录：____。

（3）支付加工费、增值税分录：________________________________。

（4）支付的消费税（加工的物资为应税消费品时）。

①收回后直接出售分录：____。

②收回后用于连续生产应税消费品：____________________________。

（5）加工完毕收回分录：____。

经典例题解析

【例】甲公司（一般纳税人）发出原材料委托乙公司代为加工成 A 产品，已知原材料的计划成本为 2000 元，材料成本差异率为 1%，支付往返运费共 500 元（不考虑增值税），支付加工费 1000 元，增值税 170 元，委托加工物资的实际成本为（　　）。

A．2020 元　　B．2480 元　　C．3520 元　　D．3690 元

【答案】C

【解析】本题为 2008 年高考题。委托加工物资成本=2000+2000×1%+500+1000=3520 元。

课堂练习

一、单选题

1．某一般纳税企业委托外单位加工一批应税消费品，材料成本 50 万元，加工费 5 万元

（不含税），受托方增值税税率 17%，受托方代扣代交消费税 1 万元，该批材料加工后委托方直接出售，则该批材料加工完毕入库时的成本为（　　）万元。

A．63.5　　B．56　　C．58.5　　D．55

2．委托加工的应税消费品收回后用于连续生产应税消费品的，由受托方代扣代缴的消费税，委托方应借记的科目是（　　）。

A．营业税金及附加　　B．委托加工物资

C．应交税金——应交消费税　　D．营业外支出

3．下列各项中，不属于委托加工物资实际成本的是（　　）。

A．差旅费

B．发出加工材料的实际成本

C．发出材料和收回加工物资的运杂费

D．支付的加工费

4．委托加工物资验收入库时，不可能借记的账户是（　　）。

A．包装物　　B．原材料　　C．低值易耗品　　D．自制半成品

二、业务题

1．甲企业委托乙企业加工 50 只木箱，发出材料的计划成本为 4500 元，材料成本差异率为 2%，以银行存款支付往返运杂费 300 元（取得增值税普通发票），支付加工费 500 元，增值税 85 元，木箱收回，验收入库，每只木箱的计划成本为 100 元，该批木箱准备用于包装本企业产品。

要求：编制如下会计分录。

（1）发出委托加工材料。

（2）支付运杂费。

（3）支付加工费。

（4）木箱收回，验收入库。

2．某企业按计划成本进行核算，本月发出一批乙材料计划成本 20 000 元，委托宏达工厂加工成丙材料，本月材料成本差异率为-1%，加工中支付加工费 3000 元，增值税 510 元，消费税 300 元，另支付往返运输费 800 元（取得增值税普通发票），收回加工物资，计划成本 25 000 元，收回材料用于继续生产应税消费品。

要求：根据以上经济业务，编制会计分录。

第五节　低值易耗品

知识清单

1. 低值易耗品是指__________、__________，不能作为__________核算的各种工具物品。

2. 低值易耗品的特点：①__________②__________。

3. 低值易耗品核算时设置的账户有：__________。

4. 领用低值易耗品的核算分为：__________。

5. 一次摊销法时，领用低值易耗品的分录：__________。

6. 五五摊销法时，领用低值易耗品的分录：__________。

（1）领用时分录：__________

__________。

（2）报废时分录：__________

__________。

知识点解析

领用低值易耗品的核算分为一次摊销法和五五摊销法。

一次摊销法是将低值易耗品的价值一次计入相关成本费用，五五摊销法是在领用时摊销其价值的一半，报废时摊销另一半。

经典例题解析

【例】摊销生产车间用低值易耗品时，应借记的科目是（　　）。

A. 管理费用　　B. 生产成本　　C. 制造费用　　D. 销售费用

【答案】C

【解析】本题为 2007 年高考题。考查低值易耗品的核算，车间领用低值易耗品时，应记入“制造费用”账户。

课堂练习

一、单选题

1．某企业生产车间领用低值易耗品，采用一次摊销法，收回残料 100 元，应冲减（　　）。

A．生产成本　　B．制造费用
C．管理费用　　D．在用低值易耗品

2．在领用时摊销其一半价值，报废时摊销其另一半，并转销其总成本的低值易耗品的摊销方法是（　　）。

A．五五摊销法　　B．分期摊销法
C．一次摊销法　　D．净值摊销法

3．低值易耗品从性质上看，与（　　）一样属于劳动资料。

A．原材料　　B．包装物　　C．库存商品　　D．固定资产

4．一次领用低值易耗品数量不大，金额不高，可采用（　　）。

A．分次摊销法　　B．净值摊销法　　C．五五摊销法　　D．一次转销法

5．摊销生产车间用低值易耗品时，应借记的科目是（　　）。

A．管理费用　　B．生产成本　　C．制造费用　　D．销售费用

二、业务题

企业 5 月份发生有关低值易耗品的业务如下。

（1）2 日，购入一批工具，取得专用发票，注明价值 6000 元，增值税 1020 元，款项以支票支付。

（2）3 日，生产车间领用上述低值易耗品。

（3）26 日，该批低值易耗品报废，收回残料 400 元，入原材料仓库。

要求：根据上述业务编制会计分录。（分别采用一次摊销法与五五摊销法核算领用低值易耗品）

第六节 包装物

知识清单

1．包装物是指______________________________。

包装物包括：

①______________________________；

②______________________________；

③______________________________；

④______________________________。

不包括：

①______________________________；

②______________________________；

③______________________________。

2．包装物核算设置的账户：______________________________。

3．生产领用包装物的核算：______________________________。

4．随同产品出售不单独计价时包装物的核算：______________________________。

5．随同产品出售单独计价包装物的核算：______________________________。

6．出租包装物时，领用包装物的核算：______________________________。

知识点解析

（1）包装物的摊销分为一次摊销法和五五摊销法。

（2）生产领用、随同产品销售单独计价和随同产品销售不单独计价包装物的核算只能采用一次摊销法。

（3）出租与出借包装物的核算有一次摊销法和五五摊销法。

7．收取押金时分录：______________________________。

8．收取租金的分录：______________________________。

9．退回押金（没收一部分押金）时分录：______________________________。

10．报废时残料入库或变价收入的分录：______________________________。

知识点解析

（1）包装物出租的租金收入需要计算增值税销项税额，租金是否含税在题目中有提示，如果没有提示，一般是含税的。

（2）没收的押金是含税的，需要将这部分押金进行价税分离，计算增值税销项税额。

11．出借包装物时，领用包装物的分录：______________________________。

知识点解析

包装物的核算总结:

(1)生产领用包装物，其成本计入“生产成本”；

(2)随同产品销售，不单独计价，其成本计入“销售费用”；

(3)随同产品出售，单独计价，其成本计入“其他业务成本”；

(4)出租包装物，其成本计入“其他业务成本”；

(5)出借包装物，其成本计入“销售费用”。

经典例题解析

【例 1】企业出租包装物所取得的租金应计入（　　）。

A．主营业务收入　　B．其他业务收入

C．营业外收入　　D．其他业务支出

【答案】B

【解析】本题为2005年高考题。出租包装物的租金收入应计入“其他业务收入”。

【例 2】对随同产品出售而不单独计价的包装物，企业应按其实际成本加转到（　　）。

A．其他业务成本　　B．销售费用

C．制造费用　　D．管理费用

【答案】B

【解析】本题为 2016 年高考题。随同产品出售不单独计价的包装物，在发出时，应借记的科目是销售费用。

【例 3】制造业出租包装物收取的租金应当（　　）。

A．计入主营业务收入　　B．计入其他业务收入

C．计入营业外收入　　D．冲减销售费用

【答案】B

【解析】本题为2009年高考题。出租包装物的租金收入应计入“其他业务收入”。

【例 4】随同产品出售而单独计价的包装物，所得收入（　　）。

A．计入主营业务收入，并计征增值税

B．计入其他业务收入，并计征增值税

C．计入营业外收入，不计征增值税

D．冲销销售费用，不计征增值税

【答案】B

【解析】本题为 2010 年高考题。随同产品出售而单独计价的包装物，所得收入应计入其他业务收入，并计征增值税。

【例 5】企业对随同商品出售不单独计价的包装物，结转该包装物的实际成本时，应借记的账户是（　　）。

A．销售费用　　B．管理费用　　C．制造费用　　D．其他业务成本

【答案】A

【解析】本题为 2011 年高考题。随同产品出售不单独计价的包装物，在发出时，应借记的科目是销售费用。

【例 6】企业在销售商品时，对出借包装物过程中所发生的费用及摊销的包装物成本应记入（　　）。

A．其他业务成本　　B．销售费用

C．管理费用　　D．营业外支出

【答案】B

【解析】本题为 2012 年高考题。出借包装物过程中所发生的费用及摊销的包装物成本应记入销售费用。

【例 7】东方公司按实际成本核算包装物。2005 年 6 月 1 日租给山水公司一批全新包装箱 200 个，单位成本 80 元，租期 4 个月，租金每个每月 50 元，开具增值税专用发票。每月末收取并存入银行。该包装箱的价值采用一次摊销法摊销。6 月 1 日每个包装箱收取押金 100 元，共计 20 000 元，存入银行。9 月 30 日，山水公司退回包装箱 185 个，已到报废期限，残料入库价值 280 元；有 15 个没有退回，没收押金 1500 元，再扣除本月的租金后，退回押金。（没收押金和租金的增值税税率为 17%，结果除不尽的保留两位小数）

要求：根据以上资料编制领用出租包装物、收取押金、收取租金（第一个月的）、退回押金、残料入库的会计分录。

【答案】

（1）借：其他业务成本　16 000

　　贷：周转材料——包装物　16 000

（2）借：银行存款　20 000

　　贷：其他应付款　20 000

（3）借：银行存款　11 700

　　贷：其他业务收入　10 000

　　应交税费——应交增值税（销项税额）　1700

（4）没收的押金确认收入：（100×15）/（1+17%）=1282.05（元）

退回的押金=20 000−1500−11 700=6800（元）

借：其他应付款　20 000

　　贷：其他业务收入　11 282.05

　　　　应交税费——应交增值税（销项税额）　1917.95

　　　　银行存款　6800

（5）借：原材料　280

　　贷：其他业务成本　280

【解析】本题为 2006 年高考题。企业对于没收的包装物的押金，应计算增值税销项税额，并确认其他业务收入，包装物的租金收入也应记入其他业务收入，并计算增值税销项税额。

课堂练习

一、单选题

1．下列不属于包装物核算范围的是（　　）。

A．生产过程中领用的包装物

B．包装材料，如纸张、铁丝等

C．随同产品出售，不单独计价的包装物

D．出租、出借的包装物

2．销售过程中，随同产品出售不单独计价的包装物成本应计入（　　）。

A．生产成本　　B．其他业务成本

C．销售费用　　D．管理费用

3．企业用于出借的包装物，现已有部分损坏，需要修理，修理费用 200 元应计入（　　）。

A．销售费用　　B．其他业务成本

C．管理费用　　D．主营业务成本

4．对于逾期未退回的包装物没收的押金应转作（　　）。

A．其他业务收入　　B．其他应收款

C．营业外收入　　D．主营业务收入

5．企业将包装物出借给协作单位，出借时成本应计入（　　）。

A．其他业务支出　　B．销售费用

C．管理费用　　D．营业外支出

6．企业销售产品领用不单独计价的包装物一批，其计划成本为 8000 元，材料成本差异率为 1%，此项业务企业应计入销售费用的金额为（　　）。

A．8000　　B．7920　　C．8080　　D．0

7．生产领用包装物应借记（　　）账户。

A．生产成本　　B．制造费用

C．销售费用　　D．其他业务成本

8．企业出租包装物所取得的租金应计入（　　）。

A．主营业务收入　　B．其他业务收入

C．营业外收入　　D．其他业务成本

9．出租的包装物领用时应计入（　　）。

A．管理费用　　B．营业外支出　　C．销售费用　　D．其他业务成本

10．出借包装物报废时收回的残料价值应冲减（　　）。

A．其他业务成本　　B．销售费用

C．管理费用　　D．包装物

二、业务题

1．（1）购入木箱 200 个，每个 18 元，增值税税率 17%，以转账支票支付。木箱已入库。

（2）销售产品时领用不单独计价的包装木箱 180 个。

要求：做出以上经济业务的会计分录。

2．企业在销售产品时出租给购货单位木桶 40 只，每只实际成本 20 元，共计 800 元，通过银行收取押金每只 30 元，共计 1200 元，合同规定租金每只每月 3 元，开具增值税专用发票。租期两个月，租金从押金中扣除。收回包装物验收入库，发现 4 只损坏，扣除押金及租金后，以银行存款退回押金。该包装物成本采用一次摊销法摊销。

要求：做出相关会计分录。

3．（1）甲公司对包装物采用计划成本核算，某月生产产品领用包装物的计划成本为 100 000 元，材料成本差异率为-3%。

（2）甲公司某月销售商品领用不单独计价包装物的计划成本为 50 000 元，材料成本差异率为-1%。

（3）甲公司某月销售商品领用单独计价包装物的计划成本为 80 000 元，销售收入为 100 000 元，增值税额为 17 000 元，款项已存入银行。该包装物的材料成本差异率为 1%。

要求：做出以上业务的会计分录。

第七节　存货清查

知识清单

1．存货清查的方法有：______________________________。

2．存货清查结果的核算：______________________________。

（1）存货的盘盈批准处理前的分录：______________________________。

批准后的分录：______________________________。

（2）存货盘亏批准处理前的分录：______________________________。

批准后的分录：______________________________

____

____

______________________________。

知识点解析

（1）存货清查的结果有盘盈与盘亏，均通过“待处理财产损溢”账户核算。

（2）存货盘盈的处理是冲减“管理费用”，盘亏的处理分不同情况分别转入“营业外支出”“管理费用”“其他应收款”“原材料”等账户。

经典例题解析

【例】盘盈的存货经批准转销时，一般应（　　）。

A．计入营业外收入

B．计入投资收益

C．冲减制造费用

D．冲减管理费用

【答案】D

【解析】存货的盘盈，经批准转销时，应冲减管理费用。

课堂练习

一、单选题

1．下列原材料相关损失项目中，应计入营业外支出的是（　　）。

A．计量差错引起的原材料盘亏

B．原材料运输途中发生的合理损耗

C．人为责任造成的原材料损失

D．自然灾害造成的原材料损失

2．企业发生的原材料盘亏或毁损损失中，不应作为管理费用列支的是（　　）。

A．自然灾害造成的毁损净损失

B．保管中发生的定额内自然损耗

C．收发计量造成的盘亏损失

D．一般经营性损失

二、业务题

1．甲公司在财产清查中发现毁损L材料300公斤，实际单位成本100元，经查属于材料保管员的过失造成的，按规定由其个人赔偿20 000元，残料已办理入库手续，价值2000元。

要求：做出相应账务处理。

2．乙公司在财产清查中发现毁损 A 材料 300 公斤，实际单位成本 100 元，经查属于管理不善被盗造成的，按规定由其个人赔偿 20 000 元，其余转做非常损失。

要求：做出相应账务处理。

第四章

固定资产

考纲要求

1．理解固定资产的特点、确认条件、分类和初始计量。
2．掌握固定资产增加及处置的账务处理。
3．了解在建工程的概念，掌握在建工程的核算。
4．理解固定资产折旧的概念、影响因素及计提折旧的范围。
5．掌握计提固定资产折旧的各种方法。
6．掌握固定资产后续支出的核算。

考纲分析

1．该章内容较多，知识难度较高，需要理解和掌握的占大多数。考查时大多都是综合了固定资产的增加或购建、固定资产的折旧、固定资产的处置或后续支出等多个知识点的综合题型。对于固定资产的分类、固定资产折旧的影响因素与折旧范围一般直接考查。

2．近几年高考试题中业务题与计算题都占很大分值，也有少量的选择题。

第一节　固定资产概述

知识清单

1．固定资产是指同时具有以下特征的有形资产：
①______________________________；
②______________________________。
2．固定资产的特点：①______________　②______________
③______________。
3．固定资产的确认条件：
①______________________________；
②______________________________。

4．固定资产按经济用途的分类：

①____；

②____。

5．固定资产按使用情况分类：

①____________________；②____________________；③____________________。

6．按产权关系分类：

①____________________；②____________________。

7．固定资产的综合分类：

①____________________；②____________________；③____________________；④____________________；⑤____________________；⑥____________________；⑦____________________。

8．固定资产的初始计量是指______。包括企业为购建某项固定资产达到预定可使用状态前所发生的一切合理的、必要的支出。这些支出包括直接发生的______、______、______和______等，也包括间接发生的，如应承担________、外币折算差额及应分摊的其他间接费用等。

知识点解析

外购固定资产的增值税的处理：购进生产经营用动产取得增值税专用发票的，其进项税额可以抵扣，计入“应交税费——应交增值税（进项税额）”，外购用于购建不动产的物资或非生产经营用固定资产取得的增值税专用发票的，其进项税额不能抵扣，计入该物资或固定资产的成本。

经典例题解析

【例 1】固定资产的特点不包括（　　）。

A．实物形态的不变性　　B．使用寿命的有限性

C．价值存在的双重性　　D．折旧计算的连续性

【答案】D

【解析】固定资产折旧的特点包括三个：实物形态的不变性、使用寿命的有限性、价值存在的双重性。

【例 2】以下属于直接服务于生产经营活动过程的固定资产是（　　）。

A．管理部门用房屋　　B．招待所的房屋

C．职工食堂的设备　　D．专设的科研机构的房屋

【答案】A

【解析】直接服务于生产经营活动过程的固定资产，是指直接参加生产经营活动过程或直接为生产经营活动过程服务的各种固定资产。B、C、D 的固定资产属于间接服务于生产经营活动的固定资产。

课堂练习

1．汽车制造厂生产的汽车，如果用于企业使用，应属于（　　）。

A．库存商品　　B．固定资产

C．原材料　　D．在建工程

2．凡不符合固定资产确认标准的劳动资料，应将其列为（　　）。

A．低值易耗品　　B．包装物

C．原材料　　D．工程物资

3．有利于了解企业固定资产产权归属的分类，是（　　）。

A．按固定资产经济用途分类　　B．按固定资产使用情况分类

C．按固定资产产权关系分类　　D．按固定资产综合分类

4．下列税金，不应计入固定资产成本的是（　　）。

A．耕地占用税　B．契税　C．车辆购置税　D．土地使用税

5．固定资产的账面价值是指（　　）。

A．固定资产原值

B．固定资产原值-累计折旧

C．累计折旧

D．固定资产原值-累计折旧-固定资产减值准备

6．固定资产按其使用情况分类，不包括（　　）。

A．未使用的固定资产　　B．使用中的固定资产

C．经营租出的固定资产　　D．不需用的固定资产

第二节　固定资产的增加

知识清单

1．外购固定资产（以下均为购入生产经营用动产）的成本包括：__________。

知识点解析

（1）固定资产取得渠道不同，其入账价值也不同。

（2）外购生产经营用动产时支付的增值税允许抵扣，计入“应交税费——应交增值税（进项税额）”账户。外购其他用固定资产支付的进项税额计入外购固定资产的成本。

2．购入不需要安装的固定资产的分录：____________________。

3．购入需要安装的固定资产分录：____________________。

4．投资者投入的固定资产分录：____________________。

5．接受捐赠的固定资产分录：____________________。

知识点解析

接受投资与接受捐赠的如果为不动产或非生产经营用固定资产，或者未取得有关增值税专用发票的，则会计分录为：

借：固定资产

　　贷：实收资本/营业外收入

6．盘盈的固定资产的分录：

（1）盘盈时，按重置成本入账：________________________。

（2）确定应交的所得税时：________________________。

（3）结转留存收益时：________________________。

经典例题解析

【例 1】年末进行财产清查时，对盘盈的一台设备，应贷记的账户是（　　）。

A．营业外收入　　B．以前年度损益调整

C．待处理财产损溢　　D．固定资产

【答案】B

【解析】本题为 2011 年的考题。盘盈的固定资产，应贷记“以前年度损益调整”账户。

【例 2】惠达公司为增值税一般纳税人，增值税率 17%，所得税率 25%，按净利润的 10%计提法定盈余公积。2015 年发生有关固定资产的部分经济业务如下。

（1）购入一台不不要安装的生产设备，增值税专用发票上注明设备的价款 800 000 元，增值税税额 136 000 元，全部款项以银行存款支付，设备已交付使用。

（2）收到投资人鲁达公司投入的旧设备一台，账面原值 120 000 元，已提折旧 40 000 元，经资产评估师评估后双方确认的价值为 100 000 元（不含税），并按 17%的税率开具了增值税专用发票。

（3）接受鲁康公司捐赠的电子设备一台，收到的增值税专用发票上注明价款 60 000 元，增值税税额 10 200 元，该设备已交付使用。

（4）年末，在固定资产清查中，发现有帐外设备一台，重置成本为 40 000 元，该帐外设备作前期差错处理。

要求：根据以上经济业务，编制惠达公司相关的会计分录。

【答案】（1）借：固定资产　800 000

　　应交税费——应交增值税（进项税额）　136 000

　　贷：银行存款　936 000

（2）借：固定资产　100 000

　　应交税费——应交增值税（进项税额）　17 000

　　贷：实收资本——鲁达公司　117 000

（3）借：固定资产　60 000

　　应交税费——应交增值税（进项税额）　10 200

　　贷：营业外收入　70 200

（4）借：固定资产　40 000

　　贷：以前年度损益调整　40 000

借：以前年度损益调整　10 000

　　贷：应交税费——应交所得税　10 000

借：以前年度损益调整　30 000

　　贷：盈余公积——法定盈余公积　3 000

　　　　利润分配——未分配利润　27 000

【解析】本题为2016年的考题。考查了外购固定资产、接受投资固定资产、接受捐赠固定资产和盘盈的固定资产的核算。

课堂练习

一、单选题

1．购入生产用机器设备所支付的增值税，应当（　　）。

A．计入固定资产成本　　B．计作进项税额予以抵扣

C．计作企业的期间费用　　D．计作企业的销项税额交纳增值税

2．S公司接受A公司投入设备一台，原价86 000元，已提折旧23 000元，双方确认的价值为65 000元。那么S公司“实收资本”账户的入账金额为（　　）。

A．86 000元　　B．65 000元　　C．63 000元　　D．23 000元

3．企业收到捐赠的设备一台，捐赠方提供的专用发票上标明的价格30 000元，增值税5100元，企业又以银行存款支付运输费2000元，安装调试费5000元，则该设备的入账价值是（　　）。

A．35 100元　　B．42 100元　　C．35 000元　　D．37 000元

4．企业接受投资转入的固定资产，应按（　　）作为入账价值。

A．投出单位账面原值　　B．投资各方确认的价值

C．投出单位账面净值　　D．投资双方确认的价值

5．对于企业盘盈的固定资产，其入账价值是（　　）。

A．重置完全价值

B．账面原值

C．估计的磨损价值

D．同类固定资产市场价格扣除已磨损的价值

二、业务题

1．（1）企业购入一台需安装的设备，价款20 000元，增值税3400元，运输费100元，包装费300元（运费、包装费取得增值税普通发票），已用银行存款支付。

（2）上述机器设备安装完毕，投入使用，安装费用共计1000元，已用银行存款支付。

（3）收到A公司投资转入的一台设备，原值20 000元，双方确认的价值为18 000元。

（4）收到某华侨捐赠的一台设备，专用发票上注明的金额为30 000元，增值税5100元，另以银行存款支付运杂费等支出1000元。

（5）在对固定资产进行的财产清查中，发现盘盈一台机器，其市场售价为 100 000 元，七成新。假设该企业适用所得税税率为 25%，按净利润的 10%计提法定盈余公积，5%计提任意盈余公积。

要求：做出盘盈时、确定应交所得税时、结转为留存收益时的账务处理。

2．某企业为增值税一般纳税人，增值税税率 17%。2013 年 12 月 1 日购入一台需要安装的生产设备，增值税专用发票上注明设备的价款为 100 万元，增值税为 17 万元，发生运杂费为 3 万元（取得增值税普通发票），全部款项已用银行存款支付。安装过程中，领用生产用原材料一批，成本为 8 万元，应付安装工程人员工资 2 万元，该设备当月安装完毕，达到预定可使用状态，并交付使用。

要求：做出购入设备、安装设备、设备完工的账务处理。（单位用万元）

第三节 在建工程

知识清单

1．在建工程是指____________________________。

2．在建工程入账价值：按建造该项资产达到____。

3．在建工程的核算应设置的账户：____________________。

知识点解析

在建工程的业务需注意：

（1）首先判断在建工程是生产经营用动产还是不动产；

（2）涉及增值税的处理要准确：为建造动产而购入工程物资，进项税额可以抵扣、领用生产用的材料其进项税额不需转出、领用自产产品不需计算销项税额；为建造不动产而购入工程物资，进项税额计入物资成本、领用生产用的材料其进项税额需转出、领用自产产品应是同销售计算销项税额。

4．自营建造的固定资产的核算程序：

①____。

②____。

③____。

5．购入工程用材料设备的分录：

不动产：____。

动产：____。

6．领用专业材料、专用设备的分录：____________________。

7．工程领用生产用材料分录：

不动产：____。

动产：____。

8．工程领用自产产品分录：

不动产：____。

动产：____。

9．工程应负担的人工费及其他间接费用分录：____________________。

10．应予以资本化的借款费用（达到预定可使用状态前的利息支出）：____________________。

11．工程完工，交付使用分录：____________________________。

12．剩余专用材料转作企业存货：____________________________。

不动产：____。

动产：____。

13．出包工程建造固定资产，预付工程款、备料款时分录：____________________。

14．以工程用材料抵作备料款时：____________________________。

15．办理工程价款结算，补付工程款：________________________。

16．工程完工，交付使用：______________________________。

经典例题解析

【例1】下列各项支出中，应计入自行建造固定资产成本的是（　　）。

A．自行建造固定资产过程中发生的全部支出

B．自行建造固定资产办理竣工决算前所发生的全部支出

C．自行建造固定资产交付使用前所发生的全部支出

D．自行建造固定资产达到预定可使用状态前发生的符合资本化条件的全部支出

【答案】D

【解析】本题为 2004 年高考题。在建工程按建造该项资产达到预定可使用状态前所发生的必要支出。

【例2】华为公司为生产水泥的一般纳税人。2010年发生如下部分有关固定资产的业务：

1月份因生产需要，决定用自营方式建造一栋材料仓库，相关资料如下：

①1月27日购入仓库工程用专用物资300 000元，增值税额51 000元，该批物资已验收入库，款项用银行存款付讫；

②领用上述专用物资建造材料仓库；

③领用本单位生产的水泥一批用于工程建设，该批水泥的生产成本为80 000元，税务机关核定的计税价格100 000元，增值税税率为17%；

④领用本单位外购的原材料一批用于工程建设，原材料的实际成本为30 000元；

⑤1月至3月，应付工程人员工资薪金50 000元，用银行存款支付其他杂费20 000元；

⑥3月31日，该仓库达到预定可使用状态。

要求：根据以上经济业务编制华为公司有关固定资产的会计分录。

【答案】

	借方	贷方
①借：工程物资——专用材料	300 000	
应交税费——应交增值税（进项税额）	51 000	
贷：银行存款		351 000
②借：在建工程	300 000	
贷：工程物资——专用材料		300 000
③借：在建工程	80 000	
贷：库存商品		80 000
④借：在建工程	30 000	
贷：原材料		30 000
⑤借：在建工程	70 000	
贷：应付职工薪酬——工资		50 000
银行存款		20 000
⑥借：固定资产	480 000	
贷：在建工程		480 000

课堂练习

一、单选题

1．某企业自行建造管理用房屋一间，购入所需的各种物资100 000元，支付增值税17 000元，全部用于建造中。另外还领用本企业所生产的产品一批，实际成本2000元，售价2500元，支付工程人员工资20 000元，提取工程人员的福利费2800元，支付其他费用3755元。该企业适用的增值税税率为17%，则该房屋的实际造价为（　　）。

A．128 555元　　B．145 895元　　C．145 555元　　D．143 095元

2．企业建造办公大楼领用生产用原材料时，相关的增值税处理正确的是（　　）。

A．计入管理费用　B．计入生产成本　C．无需处理　D．计入其他业务成本

3．“工程物资”科目下不应设置（　　）明细科目。

A．其他支出　　B．专用设备

C．预付大型设备款　　　　　　　　D．为生产准备的工具器具

二、业务题

1．东方公司为增值税一般纳税人。

2004 年 4 月，决定自行建造生产车间一幢。发生的有关经济业务如下。

（1）2004 年 4 月 2 日，购入工程用材料一批 600 000 元，支付的增值税款为 102 000 元，运杂费 8000 元，款项以银行存款付讫。

（2）领用上述专项物资，用于建造生产车间。

（3）将自产的产品一批用于工程建设，该批产品的成本为 80 000 元，计税价格为 100 000 元，增值税率为 17%。

（4）2004 年 4 月至 7 月应付工程人员工资 75 000 元，计提应予资本化的长期借款利息为 7000 元，以银行存款支付其他费用 11 000 元。

（5）2004 年 7 月 31 日，该车间达到预定可使用状态，当日投入使用。

要求：根据资料编制相关会计分录。

2．企业自行建造车间一幢，购入工程物资，取得增值税专用发票，注明价款 10 000 元，增值税 1700 元。基建工程全部领用了全部物资。领用本厂生产的钢筋一批，实际成本为 20 000 元，售价为 25 000 元，增值税税率为 17%。支付工程人员工资 10 000 元，为工程借款而发生的利息支出为 500 元，支付的其他费用共计 900 元，工程已完工交付使用。

要求：做出以上经济业务的会计分录。

3．甲企业为增值税一般纳税人，2011 年 1 月，甲企业因生产需要，决定用自营方式建造一条生产线（动产）。相关资料如下。

（1）2011 年 1 月 5 日，购入工程用专项物资 20 万元，增值税额 3.4 万元，该批专项物资已验收入库，款项用银行存款付讫。

（2）领用上述专项物资，用于建造生产线。

（3）领用本单位生产的水泥一批用于工程建设，该批水泥成本为 2 万元，税务部门核定的计税价格为 3 万元，增值税税率为 17%。

（4）领用本单位外购原材料一批用于工程建设，原材料实际成本为 1 万元，应负担的增

值税额为 0.17 万元。

（5）2011 年 1 月至 3 月，应付工程人员工资 2 万元，用银行存款支付其他费用 0.92 万元。

（6）2011 年 3 月 31 日，该生产线达到预定可使用状态。

要求：做出上述业务的会计分录。（单位：万元）

第四节　固定资产折旧

知识清单

1．固定资产折旧是指____。

知识点解析

（1）固定资产的折旧方法有：直线法、工作量法、年数总和法、双倍余额递减法。

（2）固定资产折旧的核算按固定资产使用的部门分别计入相应的账户。

2．应计折旧额=____。

3．影响固定资产折旧的因素：________________________________。

4．不提折旧的固定资产有：__________________________________。

5．固定资产计提折旧的时间规定：____________________________。

6．直线法下年折旧额=____

年折旧率=____

7．固定资产计提折旧的分录：________________________________。

8．工作量法下，单位工作量折旧额=__________________________，月折旧额=____。

9．年数总和法下年折旧率=__________________________________，年折旧额=____。

知识点解析

年数总和法下：

折旧基数=原值-预计净残值	固定不变的
年折旧率	逐年递减的
年折旧额	逐年递减的

10．双倍余额递减法下

年折旧率=________________________________

年折旧额=________________________________

最后两年的折旧额=________________________

知识点解析

双倍余额递减法下：

固定资产折余价值	逐年递减的
年折旧率	固定不变的
年折旧额	逐年递减的

经典例题解析

【例 1】下列固定资产不应提折旧的有（　　）。

A．闲置的房屋、建筑物　　B．融资租入的固定资产

C．已提足折旧继续使用的大型设备　　D．经营性出租的固定资产

【答案】C

【解析】本题为 2006 年高考题。已提足折旧继续使用的固定资产不再计提折旧。

【例 2】下列固定资产需计提折旧的是（　　）。

A．融资租入的固定资产　　B．经营性租入的固定资产

C．提前报废的设备　　D．已提足折旧继续使用的设备

【答案】A

【解析】本题为 2008 年高考题。融资租入的固定资产所有权属于企业，所以需计提折旧。

【例 3】企业在计提固定资产折旧时，其折旧基数不变，年折旧率逐年递减的折旧方法是（　　）。

A．平均年限法　　B．工作量法

C．双倍余额递减法　　D．年数总和法

【答案】D

【解析】本题为 2009 年高考题。折旧基数不变，年折旧率逐年递减的折旧方法是年数总和法。

【例 4】某企业月初计提折旧的固定资产原值 300 000 元，本月增加的固定资产 50 000 元，本月减少的固定资产原值 20 000 元，月折旧率为 1%，该企业本月计提的折旧额为（　　）。

A．3500 元　　B．3300 元

C．3000 元　　D．2800 元

【答案】C

【解析】本题为 2010 年高考题。当月增加的固定资产，从下月开始计提折旧，当月减少的固定资产，从下月起不计提折旧，本月照计提折旧。

【例 5】某企业 2010 年 12 月 31 日购入一台设备，入账价值为 100 万元，预计使用年限 5 年，预计净残值 4 万元，按双倍余额递减法计算折旧。该设备 2012 年计提的折旧额为

（　　）。

A．40 万元　　　　B．24 万元

C．38.4 万元　　　　D．23.04 万元

【答案】B

【解析】本题为 2012 年高考题。年折旧率=2/5×100%=40%，

2011 年的折旧=100×40%=40（万元）

2012 年的折旧=（100−40）×40%=24（万元）

【例 6】对某项固定资产计提折旧时，一开始不考虑固定资产预计净残值的计提方法是（　　）。

A．平均年限法　　　　B．工作量法

C．双倍余额递减法　　　　D．年数总和法

【答案】C

【解析】本题为 2013 年高考题。双倍余额递减法是最后两年用折余价值减去预计净残值计算折旧额。

【例 7】兴旺公司现有生产用设备一台，原值 500 000 元，预计可使用 5 年，预计净残值为 20 000 元，经批准采用双倍余额递减法计提折旧。

要求：计算并填制固定资产折旧计算表。

双倍余额递减法下固定资产折旧计算表

使用年限	年初账面折余价值	年折旧率	年折旧额	累计折旧额	年末账面折余价值
合计					

【答案】

双倍余额递减法下固定资产折旧计算表

使用年限	年初账面折余价值	年折旧率	年折旧额	累计折旧额	年末账面折余价值
1	500 000	40%	200 000	200 000	300 000
2	300 000	40%	120 000	320 000	180 000
3	180 000	40%	72 000	392 000	108 000
4	108 000	–	44 000	436 000	64 000
5	64 000	–	44 000	480 000	20 000
合计			480 000		

【解析】本题为 2008 年高考题，考查双倍余额递减法计算折旧。

【例 8】俊明公司拥有一套生产设备，原始价值 500 000 元，预计使用年限 5 年，预计净残值 20 000 元。

要求：（1）根据直线法计算该设备的年折旧额；

（2）根据年数总和法计算该设备第一年的年折旧额；

（3）根据双倍余额递减法计算该设备第一年的年折旧额。

【答案】

（1）直线法下年折旧额=（500 000−20 000）/5=96 000（元）

（2）年数总和法下第一年的年折旧额=（500 000−20 000）×5/15=160 000（元）

（3）双倍余额递减法下第一年的年折旧额=500 000×2/5=200 000（元）

【解析】本题为 2015 年高考题，考查了三种方法计算固定资产的折旧。

课堂练习

一、单选题

1．下列固定资产中，不应计提折旧的是（　　）。

A．未使用的房屋　　B．季节性停用的设备

C．融资租入固定资产　　D．提足折旧的设备

2．按某项固定资产逐个计算的折旧率，称之为（　　）。

A．个别折旧率　　B．分类折旧率

C．综合折旧率　　D．加速折旧率

3．甲公司 2014 年 6 月购入设备一台，买价 10 万元，增值税 1.7 万元，支付的运费等其他费用共计 3.3 万元，设备当月交付使用，预计可使用 10 年，预计净残值率为 5%。企业采用平均法计提折旧，则该设备当年应提折旧额为（　　）元。

A．7125　　B．6317.5 元　　C．14 250 元　　D．8312.5 元

4．计提折旧后的“固定资产”账户余额表示（　　）。

A．累计折旧数额　　B．固定资产原值

C．固定资产净值　　D．固定资产账面价值

5．某企业于 2013 年 12 月 31 日购入一项固定资产，其原价为 200 万元，预计使用年限为 5 年，预计净残值为 0.8 万元，采用双倍余额递减法计提折旧。2014 年度该项固定资产应计提的年折旧额为（　　）万元。

A．39.84　　B．66.4　　C．79.68　　D．80

6．下列固定资产不应计提折旧的有（　　）。

A．季节性停用的固定资产　　B．大修理停用的固定资产

C．经营租入的固定资产　　D．融资租入的固定资产

7．计提折旧核算不可能涉及的借方科目有（　　）。

A．制造费用　　B．管理费用　　C．销售费用　　D．财务费用

8．不属于影响计提固定资产折旧的主要因素有（　　）。

A．固定资产使用年限　　B．固定资产来源渠道

C．固定资产原值　　D．固定资产净残值

9．下列固定资产不应计提折旧的有（　　）。

A．闲置的房屋、建筑物　　B．融资租入的固定资产

C．已提足折旧继续使用的大型设备　　D．经营性出租的固定资产

10．计提固定资产折旧时，可以先不考虑固定资产残值的方法是（　　）。

A．年限平均法　　B．工作量法

C．双倍余额递减法　　D．年数总和法

11．某企业一项固定资产的年折旧率为10%，预计净残值率为10%，该项固定资产的折旧年限为（　　）年。

A．7　　B．8　　C．9　　D．10

12．固定资产的账面价值是指（　　）。

A．固定资产原值

B．固定资产原值-累计折旧

C．累计折旧

D．固定资产原值-累计折旧-固定资产减值准备

13．甲企业2007年5月计提的固定资产折旧为11 000元，5月减少设备一台，月折旧额200元，增加设备2台，月折旧额共500元，6月减少设备1台，月折旧额250元，6月增加设备1台，月折旧额为400元，甲企业6月应计提折旧额为（　　）。

A．11 250元　　B．10 950元　　C．11 300元　　D．10 950元

14．某项固定资产的原值为200 000元，预计净残值为2000元，预计使用年限为5年。则在年数总和法下第二年的折旧额为（　　）元。

A．26 400　　B．52 800　　C．40 000　　D．39 600

15．对固定资产多计提折旧，将会使企业的资产负债表中（　　）。

A．负债增加　　B．资产净值减少

C．资产虚增，其净值扩大　　D．对资产和负债均无影响

16．固定资产净残值的计算方法是（　　）。

A．固定资产实际残值收入-实际清理费用

B．固定资产预计残值收入-预计清理费用

C．固定资产实际残值收入-预计清理费用

D．固定资产预计残值收入-实际清理费用

17．固定资产的可收回金额低于其账面价值称为（　　）。

A．固定资产原值　　B．固定资产账面价值

C．固定资产净值　　D．固定资产减值准备

18．按现行企业会计制度规定，固定资产一般应按（　　）计提折旧。

A．年　　B．半年　　C．季度　　D．月

19．固定资产净值是指（　　）。

A．固定资产原值减固定资产减值准备

B．固定资产原值减累计折旧

C．固定资产原值减累计折旧再减固定资产减值准备

D．固定资产累计折旧加固定资产减值准备

20．某企业某年5月初甲类设备原值为50万元，均在用。5月8日购入甲类设备一台交付使用，其原值为5万元；5月12日，在用设备一台报废清理，其原值为6万元。甲类设备的年折旧率为6%。则甲类设备6月份应计提的折旧额为（　　）。

A．2450元　　B．2500元　　C．2750元　　D．29 400元

二、计算题

1．某企业3月份交付使用的一幢新办公楼，原值8 000 000元，预计可使用30年，预计净残值额260 000元。

要求：采用直线法计算该办公楼的年折旧额、年折旧率、预计净残值率及4月份应提折旧额，并编制相应的会计分录。

2．某企业的一辆运货卡车的原价为600 000元，预计总行驶里程为500 000公里，预计报废时的净残值率为5%，本月行驶4000公里，计算本月卡车的折旧额。

3．某企业一项固定资产的原价为1000 000元，预计使用年限为5年，预计净残值为4000元。要求按双倍余额递减法计算每年计提的折旧额。

4．夏康公司2012年5月购入一台生产用电子设备，价款40 000元，增值税6800元，预计可使用3年，预计净残值为1440元，经批准采用年数总和法计提折旧，计算该公司2013年折旧额。

5．某企业 2012 年 12 月份购入一台需要安装的生产设备，增值税专用发票上注明的设备货款为 80 000 元，增值税率为 17%，发生运杂费为 1400 元，安装费 5000 元，全部款项已用银行存款支付。该设备当月安装完毕，并交付使用。该设备预计残值收入 4400 元，预计清理费用 400 元，预计使用年限 5 年。

要求：（1）计算该设备的入账价值。（2）采用平均年限法计算月折旧额。

第五节　固定资产的处置

知识清单

1．固定资产终止确认的条件有：________________________________。

2．盘亏的固定资产批准前的分录：________________________________。

3．盘亏的固定资产批准后的分录：________________________________。

盘亏固定资产的进项税额转出需要符合两个条件：________________。

（1）该固定资产购入时进项税额已抵扣；

（2）盘亏的原因是由于管理不善造成的被盗、丢失。

4．“固定资产清理”账户借方表示________________________________。

贷方表示________________________________。

5．固定资产转入清理的分录：________________________________。

6．发生的清理费用的分录：________________________________。

7．出售固定资产的分录：________________________________。

出售不动产应交营业税的分录：________________________________。

8．保险赔偿或残料的分录：________________________________。

9．结转清理净收益：________________________________。

10．结转清理净损失：________________________________。

经典例题解析

【例 1】企业出售按税法规定需要交纳营业税的固定资产，计算的营业税应借记的科目是（　　）。

A．应交税金　　　　B．管理费用

C．营业外支出　　　　D．固定资产清理

【答案】D

【解析】本题为 2006 年高考题。出售固定资产需要交纳的营业税，应借记“固定资产清理”，贷记“应交税费——应交营业税”

【例 2】企业销售的不动产，按税法规定需计算交纳的营业税，应记入的账户是

（　　）。

A．所得税费用　　　　　　B．营业外支出

C．固定资产清理　　　　　D．营业税金及附加

【答案】C

【解析】本题为 2011 年高考题。出售固定资产需要交纳的营业税，应记入“固定资产清理”账户。

【例 3】下列各项不属于固定资产处置内容的是（　　）。

A．固定资产的出售　　　　B．固定资产的报废

C．固定资产的转让　　　　D．固定资产的盘亏

【答案】D

【解析】本题为 2015 年高考题。固定资产的盘亏属于固定资产清查的内容。

【例 4】东方公司为增值税一般纳税人。

A．2004 年 4 月，决定自行建造生产车间一幢。发生的有关经济业务如下。

（1）2004 年 4 月 2 日，购入工程用材料一批 600 000 元，支付的增值税款为 102 000 元，运杂费 8000 元，款项以银行存款付讫。

（2）领用上述专项物资，用于建造生产车间。

（3）将自产的产品一批用于工程建设，该批产品的成本为 80 000 元，计税价格为 100 000 元，增值税率为 17%。

（4）2004 年 4 月至 7 月应付工程人员工资 75 000 元，计提应予资本化的长期借款利息为 7000 元，以银行存款支付其他费用 11 000 元。

（5）2004 年 7 月 31 日，该车间达到预定可使用状态，当日投入使用。估计可使用 20 年，预计净残值率为 4%，采用直线法计提折旧。

B．2006 年 12 月 31 日，该生产车间因遭遇火灾而毁损，残料估计价值为 40 000 元，已验收入库，以银行存款支付清理费用 10 000 元，经保险公司核定应赔偿的损失额为 90 000 元，赔偿款尚未收到。

要求：（1）根据资料 A 编制相关会计分录。

（2）计算 2004 年度该生产车间应计提的折旧额，并编制会计分录（不分月）。

（3）根据资料 B 编制报废清理的相关会计分录。

【答案】（1）

①借：工程物资——专用材料	608 000	
应交税费——应交增值税（进项税额）	102 000	
贷：银行存款		710 000
②借：在建工程	608 000	
贷：工程物资——专用材料		608 000
③借：在建工程	80 000	
贷：库存商品		80 000
④借：在建工程	93 000	
贷：应付职工薪酬——工资		75 000

　　应付利息　　7000
　　银行存款　　11 000
⑤借：固定资产　　781 000
　　贷：在建工程　　781 000
（2）2004 年应计折旧额=781 000×（1-4%）/20×5/12=156 200（元）
借：制造费用　　156 200
　　贷：累计折旧　　156 200
（3）
①借：固定资产清理　　690 404
　　累计折旧　　90 596
　　贷：固定资产　　781 000
②借：银行存款　　40 000
　　贷：固定资产清理　　40 000
③借：固定资产清理　　10 000
　　贷：银行存款　　10 000
④借：其他应收款　　90 000
　　贷：固定资产清理　　90 000
⑤借：营业外支出　　570 404
　　贷：固定资产清理　　570 404

【解析】本题为 2007 年高考题，综合性较强，包括了固定资产在建工程的核算、折旧的计算以及固定资产清理的核算，前后联系密切，需要仔细认真，熟练运用所学知识解决问题。

课堂练习

一、单选题

1．企业在固定资产清查中，盘亏设备一台，其账面原值 15 000 元，已提折旧 6000 元，已提减值准备 2000 元，应计入营业外支出的金额为（　　）。

A．15 000　　B．9000　　C．13 000　　D．7000

2．固定资产清理净收益，在生产经营期间计入（　　）。

A．主营业务收入　　B．其他业务收入

C．投资收益　　D．营业外收入

3．企业出售按税法规定需要交纳营业税的固定资产，计算的营业税应借记的科目是（　　）。

A．应交税金　　B．管理费用

C．营业外支出　　D．固定资产清理

4．A 公司 2010 年 3 月初向大众公司购入设备一台，实际支付买价 58 万元，增值税 9.86 万元，支付运杂费 2 万元，途中保险费 5 万元。该设备估计可使用 4 年，无残值。该企业固定资产折旧方法采用年数总和法。由于操作不当，该设备于 2010 年年末报废，责成有关人员赔偿 2 万元，收回变价收入 1 万元，则该设备的报废净损失（　　）。

A．36 万元　　B．43.5 万元　　C．42.5 万元　　D．45.5 万元

5．筹建期间的固定资产清理净收益，应计入（　　）。

A．营业外收入　　B．资本公积

C．冲减管理费用　　D．冲减长期待摊费用

6．盘亏的固定资产应通过（　　）核算。

A．在建工程　　B．待处理财产损溢

C．固定资产清理　　D．管理费用

7．应记入“固定资产清理”账户贷方的是（　　）。

A．处置固定资产的清理费用　　B．处置固定资产的净值

C．出售不动产应交的营业税　　D．出售不动产的变价收入

8．某企业出售一台设备（不考虑相关税金），原价 160 000 元，已提折旧 45 000 元，出售设备时发生各种清理费用 3000 元，出售设备所得价款 113 000 元。该设备出售净收益为（　　）元。

A．-2000　　B．2000

C．5000　　D．-5000

二、业务题

1．丙公司因遭受水灾而毁损一座仓库，该仓库原价 4 000 000 元，已计提折旧 1 000 000 元，未计提减值准备。其残料估计价值 50 000 元，残料已办理入库。发生的清理费用 20 000 元，以转账支付。经保险公司核定应赔偿损失 1 500 000 元，尚未收到赔款。做出丙公司上述经济业务的会计分录。

2．乙公司进行财产清查时发现短缺一台笔记本电脑，经查为管理不善造成被盗，原价为 10 000 元，已计提折旧 7000 元，购入时已抵扣进项税额 1700 元。做出乙公司以上经济业务的会计分录。

3．乙公司现有一台设备由于性能等原因决定提前报废，原价为500 000元，已计提折旧450 000元，未计提减值准备。报废时的残值变价收入为20 000元，报废清理过程中发生清理费用3500元。有关收入、支出均通过银行办理结算。做出以上经济业务的会计分录。

4．企业将一处不需要的设备出售，原价为800 000元，已提折旧670 000元，出售价700 000元，开具增值税专用发票，价税收存银行。做出相关账务处理。

第六节　固定资产的后续支出

知识清单

1．固定资产后续支出是指______________________________。

2．固定资产后续支出的内容包括______________________________。

3．固定资产后续支出予以资本化的条件是，如果使可能流入企业的经济利益超过了原先的估计，如：______________________________。

4．固定资产发生后续支出的核算要求是：

（1）固定资产修理支出，应当______________________________。

（2）固定资产改良支出，应当______________________________。

（3）如果不能区分固定资产修理还是改良，或修理和改良结合在一起，______________________________。

（4）固定资产装修费用，______________________________。

5．应予资本化的后续支出核算：

（1）转入改良、装修或改扩建分录：______________________________。

（2）发生的后续支出分录：______________________________。

（3）取得变价收入分录：______________________________。

（4）完工，达到可以使用状态分录：________________________________。

6．应予费用化的后续支出分录：________________________________。

经典例题解析

【例】嘉盛公司 2012 年 1 月 1 日将 2009 年 12 月 31 日投入使用的某生产设备进行改良。该生产设备的初始成本为 720 000 元，采用平均年限法按月计提折旧，预计净残值率为 5%，预计使用年限为 8 年。2012 年 12 月 31 日为设备改良期。在改良过程中，发生如下经济业务。

（1）2010 年 1 月至 2011 年 12 月两年间按月计提的折旧额。

（2）2012 年 1 月 1 日将生产设备转为改良工程。

（3）改良过程中，因拆除部分设备而发生变价收入 120 000 元存入银行。

（4）改良过程中，发生以下有关的改良支出：应付工程人员的工资薪酬 200 000 元，以银行存款支付其他改良支出 400 000 元。

（5）2012 年 12 月 31 日改良工程完工，达到预定可使用状态，该设备预计能给企业带来的可收回金额为 1 200 000 元。

要求：根据以上资料编制嘉盛公司有关的会计分录。

【答案】

（1）每年应计提折旧额=720 000×（1-5%）/8=85 500（元）

每月应计折旧额=85 500/12=7125（元）

借：制造费用	7125	
贷：累计折旧		7125
（2）借：在建工程——改良工程（某生产设备）	549 000	
累计折旧	171 000	
贷：固定资产		720 000
（3）借：银行存款	120 000	
贷：在建工程——改良工程（某生产设备）		120 000
（4）借：在建工程——改良工程（某生产设备）	600 000	
贷：应付职工薪酬		200 000
银行存款		400 000

（5）计入在建工程的金额=549 000-120 000+600 000=1029 000（元）小于可收回金额 1 200 000 元，所以可全额转入固定资产。

借：固定资产	1 029 000	
贷：在建工程——改良工程（某生产设备）		1 029 000

【解析】本题为 2013 年高考题。考查了固定资产的后续支出中改良支出的核算，考生需

要注意折旧的计算。

课堂练习

一、单选题

1．固定资产改扩建过程中发生的变价净收入，应借记“银行存款”，贷记（　　）。

A．营业外收入　B．在建工程　C．固定资产清理　D．其他业务收入

2．企业对某项生产设备进行改造，该设备账面原值为 300 000 元，累计折旧 85 000 元，改造过程中发生各项支出共 60 000 元，拆除部分零件的变价收入为 12 000 元。则该设备改造后的原值为（　　）。

A．263 000 元　　B．288 000 元

C．348 000 元　　D．372 000 元

3．某企业对生产流水线扩建，该流水线原价为 1000 万元，已计提折旧 300 万元，扩建生产线时发生扩建支出 800 万元，同时在扩建时处理废料变价收入 50 万元，该生产流水线的原价应为（　　）万元。

A．1750　　B．1800

C．1500　　D．1450

4．不属于固定资产后续支出的是（　　）。

A．固定资产修理　　B．固定资产的改扩建

C．固定资产的购建　　D．固定资产的改良

5．固定资产改良中取得的变价收入，应计入（　　）。

A．在建工程　B．营业外收入　C．管理费用　D．固定资产清理

6．下列各项支出，不应确认为固定资产改良支出的是（　　）。

A．使固定资产使用寿命延长所发生的支出

B．固定资产维持原有性能发生的支出

C．使固定资产所生产的产品质量实质性提高所发生的支出

D．使固定资产所生产的产品成本实质性降低所发生的支出

7．企业对一条生产线进行更新改造。该生产线的原价为 120 万元，已计提折旧为 60 万元。改造过程中发生支出 30 万元，被替换部分的账面价值 15 万元。该生产线更新改造后的成本为（　　）万元。

A．65　　B．75

C．135　　D．150

二、业务题

1．2015 年 1 月 1 日，利和公司决定，将 2012 年 12 月 31 日建成的办公楼通风设备改为中央空调。原有通风设备的建造成本为 600 万元，采用直线法计提折旧，预计净残值率为 5%，预计使用年限为 10 年。2015 年 1 月 1 日至 6 月 30 日为改良支出期：拆除原通风设备

取得变价收入 60 万元存入银行；改良工程新发生支出 2100 万元，全部以银行存款支付；该改良工程达到预定可使用状态，预计使用年限可延长 5 年，即为 15 年。改良后中央空调的折旧方法和预计净残值率不变，预计能给企业带来的可收回金额为 3000 万元。编制利和公司上述业务的会计分录。

2．2007 年 1 月 23 日，甲公司对某办公楼进行修理，修理过程中领用原材料一批，价值为 120 000 元，为购买该批原材料支付的增值税进项税额为 20 400 元；应支付维修人员薪酬为 43 320 元。做出甲公司上述经济业务的会计分录。

第五章

无形资产

考纲要求

1.理解无形资产的概念、特征、确认条件及内容。

2.掌握无形资产的取得、摊销与处置核算。

考纲分析

本章内容较少，难度不是太大。近几年的高考题主要通过选择题形式考查特征、内容及取得的核算，以业务题形式考查无形资产的核算只有一年。

知识清单

1．无形资产是指____

2．无形资产特征：______________________________________

3．无形资产确认的条件：__________________________________

4．无形资产的内容：____________________________________

内容	概念	分类	主客体	特征	权利

续表

内容	概念	分类	主客体	特征	权利

5．外购无形资产分录：______

6．自行研发无形资产研究阶段分录：______

7．自行研发无形资产开发阶段分录：______

8．无形资产摊销的分录：______

9．无形资产出售的分录：______

10．无形资产的出租

（1）收取的租金：______

（2）每月摊销：______

（3）计算每月应交的营业税：______

（4）支付的其他费用：______

经典例题解析

【例 1】转让无形资产所有权，所发生的净收益应计入（　　）。

A．主营业务收入　　B．其他业务收入

C．营业外收入　　D．投资收益

【答案】C

【解析】本题为 2005 年高考题。转让无形资产所有权即出售，发生的净收益应记入“营业外收入”。

【例 2】下列选项中符合无形资产摊销核算要求的是（　　）。

A．自无形资产可供使用时起，至不再作为无形资产确认时止

B．当月增加的无形资产，当月不摊销，从下月开始摊销

C．当月减少的无形资产，当月照常摊销，从下月停止摊销

D．当月增加的无形资产，当月不摊销，当月减少的无形资产，当月停止摊销

【答案】A

【解析】本题为2016年高考题。考核了无形资产摊销的时间范围。

【例 3】自行研究开发的无形资产，在开发阶段所发生的满足资本化条件的支出应先计入（　　）。

A．管理费用　　B．研发支出——费用化支出

C．研发支出——资本化支出　　D．无形资产

【答案】C

【解析】本题为2009年高考题。开发阶段所发生的满足资本化条件的支出先计入“研发支出——资本化支出”，开发完成后转入“无形资产”。

【例 4】某公司将自行开发的某专利权以60 000元的价格出售，价款已收存银行，为出售该专利权，公司支付了有关费用1000元，该专利权的成本为43 500元，已摊销24 000元，那么处置该专利权的利得为（　　）。

A．39 500元　　B．12 500元　　C．19 500元　　D．60 000元

【答案】A

【解析】本题为2010年高考题。

处置利得=60 000+24 000−43 500−1000=39 500元

【例 5】下列各项中，不能与企业整体分开而独立存在，只能在企业并购时才能确认入账的是（　　）。

A．著作权　　B．土地使用权　　C．非专利技术　　D．商誉

【答案】D

【解析】本题为2011年高考题。商誉不能与企业整体分开而独立存在，只能在企业并购时才能确认入账。

【例6】企业自行研发成功而形成的无形资产，应贷记的账户是（　　）。

A．无形资产　　B．管理费用　　C．研发支出　　D．应付职工薪酬

【答案】C

【解析】本题为2011年高考题。自行研发的无形资产，满足资本化条件的支出先计入“研发支出——资本化支出”，开发完成后转入“无形资产”。

【例 7】企业对自行开发的无形资产发生的研发支出，不满足资本化条件的，在平时核算时记入“研发支出——费用化支出”账户，期末应全额转到（　　）。

A．“管理费用”账户　　B．“销售费用”账户

C．“无形资产”账户　　D．“其他业务成本”账户

【答案】A

【解析】本题为2012年高考题。自行开发的无形资产发生的研发支出，不满足资本化条件的，先记入“研发支出——费用化支出”账户，期末应全额转到“管理费用”账户。

【例8】下列无形资产中，不受法律保护的是（　　）。

A．专利权　　B．商标权　　C．著作权　　D．非专利技术

【答案】D

【解析】本题为2013年高考题。非专利技术不受法律保护。

【例9】对于使用寿命有限的无形资产摊销，应当（　　）。

A．自可供使用的当月起开始摊销，处置当月不再摊销

B．自可供使用的当月的下月起开始摊销，处置当月不再摊销

C．自可供使用的当月起开始摊销，处置当月也应摊销

D．自可供使用的当月的下月起开始摊销，处置当月也应摊销

【答案】A

【解析】本题为2015年高考题。考查了无形资产摊销的有关规定。

【例10】嘉联公司有关无形资产的经济业务如下。

（1）2009年度为研发某项新技术，发生应付的人工费用150 000元，以银行存款支付其他费用300 000元；其中，符合资本化条件的支出为250 000元。

（2）2010年1月份为研发该项新技术又发生应付的人工费用40 000元，以银行存款支付其他费用70 000元，以上费用均符合资本化条件。

（3）2010年1月份该项新技术研发成功并已达到预定用途，预计使用10年，采用直线法按月进行无形资产摊销。

（4）2013年1月份本公司为提升公司形象，拓展市场，决定出售该项新技术，所得价款400 000元存入银行，以银行存款支付相关费用5000元。

要求：根据以上资料编制嘉联公司有关的会计分录。

【答案】

（1）借：研发支出——费用化支出　　200 000

　　　　　　　　——资本化支出　　250 000

　　贷：应付职工薪酬　　150 000

　　　　银行存款　　300 000

同时：

借：管理费用　　200 000

　　贷：研发支出——费用化支出　　200 000

（2）借：研发支出——资本化支出　　110 000

　　贷：应付职工薪酬　　40 000

　　　　银行存款　　70 000

（3）借：无形资产　　360 000

　　贷：研发支出——资本化支出　　360 000

每月摊销额=360 000/10×12=3000（元）

（4）2010年1月至2012年12月的累计摊销额=3000×36=108 000（元）

借：银行存款　　400 000

　　累计摊销　　108 000

　　贷：无形资产　　360 000

　　　　银行存款　　5000

营业外收入——非流动资产处置利得　　143 000

【解析】本题为 2013 年高考题。考查了无形资产自行研发、摊销、出售的核算，综合性较强。

课堂练习

一、单选题

1．关于企业内部研究开发项目的支出，下列说法中错误的是（　　）。

A．企业内部研究开发项目的支出，应当区分研究阶段支出与开发阶段支出

B．企业内部研究开发项目研究阶段的支出，应当于发生时计入当期损益

C．企业内部研究开发项目开发阶段的支出，应确认为无形资产

D．企业内部研究开发项目开发阶段的支出，可能确认为无形资产，也可能确认为费用

2．对使用寿命有限的无形资产，下列说法不正确的有（　　）。

A．其应摊销金额应当在使用寿命内系统合理摊销

B．其摊销期限应当自无形资产可供使用时起至不再作为无形资产确认时止

C．其摊销期限应当自无形资产可供使用的下个月时起至不再作为无形资产确认时止

D．无形资产可能有残值

3．无形资产出租后每月转销的成本，应计入（　　）。

A．制造费用　　B．营业费用　　C．管理费用　　D．其他业务成本

4．某企业出售一项 3 年前取得的专利权，该专利取得时的成本为 40 万元，按 10 年摊销，出售时取得收入 40 万元，不考虑城市维护建设税和教育费附加，则出售该项专利权时影响当期的损益为（　　）万元。

A．12　　B．10　　C．30　　D．32

5．N 企业出售一项专利权的所有权，取得收入 140 000 元，假定该专利权的摊余价值为 130 000 元，出售时发生的其他相关费用为 500 元。据此计算，出售该专利权所实现的损益是（　　）元。

A．9500　　B．3000　　C．3250　　D．10 000

6．某企业 2009 年 7 月购进一项专利权，购进时确定的价值为 500 000 元，摊销期限为 10 年。2012 年 1 月初将该项专利权出售另一企业，则出售时该项专利权的账面价值为（　　）元。

A．400 000　　B．375 000　　C．387 500　　D．250 000

7．东风公司 2010 年 1 月 1 日购入一项专利权，实际支付的买价及相关费用共 48 万元。该专利权的摊销年限是 5 年。2012 年 4 月 1 日，东风公司将该专利权的所有权对外转让，取得价款 20 万元。假定不考虑无形资产减值准备。转让该专利权形成的净损失为（　　）万元。

A．8.2　　B．6.4　　C．7.2　　D．7.4

8．某企业试研究开发一项新专利，发生各种研究费用 100 万元，开发费用 50 万（符合

资本化条件)。开发成功后申请专利权时，发生律师费及注册费等 5 万元，另发生广告费 3 万元。该项专利权的入账价值为（　　）万元。

A. 55　　B. 58　　C. 155　　D. 158

9．企业对使用寿命有限的无形资产进行摊销时，其摊销额不可能计入的账户是（　　）。

A. 管理费用　　B. 制造费用　　C. 财务费用　　D. 其他业务成本

10．为了反映和监督无形资产的摊销业务，企业应当设置（　　）科目。

A. 累计折旧　　B. 无形资产　　C. 累计摊销　　D. 长期待摊费用

11．甲公司 2007 年年初开始进行新产品研究开发，2007 年度投入研究费用 300 万元，2010 年度投入开发费用 600 万元（假定均符合资本化条件），至 2011 年年初获得成功，并向国家专利局提出专利权申请且获得专利权，实际发生包括注册登记费等 60 万元。该项专利权法律保护年限为 10 年，预计使用年限 12 年。则甲公司对该项专利权 2011 年度应摊销的金额为（　　）万元。

A. 55　　B. 66　　C. 80　　D. 96

12．2011 年 1 月 1 日，乙公司将某专利权的使用权转让给丙公司，每年收取租金 10 万元。转让期间乙公司不使用该项专利。该专利权系乙公司 2007 年 1 月 1 日购入的，初始入账价值为 10 万元，预计使用年限为 5 年。假定不考虑其他因素，乙公司 2011 年度因该专利权形成的营业利润为（　）万元。

A、-2　　B. 8　　C. 7.5　　D. 9.5

二、业务题

1．甲公司自行研究、开发一项技术，截至 2010 年 12 月 31 日，发生研发支出合计 20 000 元，经测试该项研发活动完成了研究阶段，从 2011 年 1 月 1 日开始进入开发阶段。2008 年发生研发支出 300 000 元，假定符合开发支出资本化的条件。2011 年 6 月 30 日，该项研发活动结束，最终开发出一项非专利技术。做出相关分录。

2．甲公司将其购买的一专利权转让给乙公司，该专利权的成本为 600 000 元，已摊销 220 000 元，实际取得的转让价款为 500 000 元，款项已存入银行，编制会计分录。

3．甲公司所拥有的某项商标权的成本为 5 000 000 元，已摊销金额为 3 000 000 元，已计提的减值准备为 500 000 元。该公司于当期出售该商标权的所有权，取得出售收入 2 000 000 元，编制会计分录。

4．甲上市公司自行研究开发一项专利技术，与该项专利技术有关的资料如下。

（1）2007 年 1 月，该项研发活动进入开发阶段，以银行存款支付开发费用 280 万元，其中满足资本化条件的为 150 万元。2007 年 7 月 1 日，开发活动结束，并按法律程序申请取得专利权，供企业行政管理部门使用。

（2）该项专利权法律规定有效期为 5 年，采用直线法摊销。

（3）2008 年 1 月 1 日将其使用权转让出去，为期 1 年，每月收取使用费 3 万元。

（4）2010 年 1 月 1 日，将该项专利权所有权转让，实际取得价款 140 万元，款项已存入银行。

要求：

（1）计算甲上市公司 2007 年 7 月专利权摊销金额并编制甲上市公司 2007 年的有关会计分录。

（2）编制甲上市公司 2008 年转让使用权的有关会计分录。

（3）编制甲上市公司 2010 年转让所有权的有关会计分录。

（会计分录涉及的科目要求写出明细科目，答案中的金额单位用万元表示）。

第六章

流动负债和非流动负债

考纲要求

1．理解应付账款的入账时间、入账价值。
2．理解其他应付账款的核算。
3．掌握应付账款、应付票据和预收账款的核算。
4．理解应付职工薪酬的内容、职工工资核算的原始凭证及应付职工工资的计算。
5．掌握应付职工薪酬的核算。
6．掌握应交税费的核算。
7．掌握短期借款和长期借款的概念、种类及核算。

考纲分析

1．该章节内容知识难度较高，主要对流动负债的考查点比较多，且多集中于应交税费与应付职工薪酬知识点上。

2．近几年高考试题中对应付账款、应付票据、应交税费、应付职工薪酬、短期借款进行了考查。出现的题型主要有单选题、业务题与计算题。

3．2015年考查到了有关工资薪酬的业务题。

知识清单

第一节　负债概述（考纲不做要求）

第二节　应付账款

1．应付账款是指企业因______________________等而发生的债务。

2．在所购材料、商品等和发票账单同时到达的情况下，应付账款通常是________按发票账单所记载的实际价款编证入账。

3．应付账款的入账价值应按____________________确定。

4．开出商业汇票抵付应付账款应编制的会计分录为：__________________。

5．企业在规定的现金折扣期内的应付账款，应作为____________，计入____________账户。

6．转销无法支付的应付账款应编制的会计分录为：____________。

知识点解析

深刻理解应付账款的概述、入账时间与入账价值。

（1）应付账款的入账价值应按未来应付的金额确定，而不按到期应付金额的现值入账。

（2）应付账款是指企业因购买材料、商品和接受劳务供应等而发生的债务。

第三节　应付票据

1．企业购买材料、商品和接受劳务等而开出、承兑的商业汇票计入________。

2．应付票据包括____________。

3．商业汇票到期，支付票款应编制的会计分录为：__________。

4．商业汇票到期，无力支付票款应编制的会计分录为：__________。

5．支付银行承兑手续费计入__________。

6．到期无力支付银行承兑票据应编制的会计分录：____________。

知识点解析

深刻理解应付票据的概念、种类与相关业务题。

（1）应付票据是指企业购买材料、商品和接受劳务等而开出、承兑的商业汇票。

（2）应付票据包括银行承兑汇票和商业承兑汇票。

第四节　预收账款

1．预收账款业务不多时，应记入____________。

2．收到对方的预收货款应编制的会计分录为：____________。

3．发出商品，确认收入时应编制的会计分录为：____________。

4．退回多付的预收款时应编制的会计分录为：____________。

知识点解析

深刻理解预收账款的概念与相关业务题。

（1）预收账款是企业按照合同规定向购货单位预收的款项。

（2）预收账款业务不多时，将预收账款计入应收账款的贷方。

经典例题解析

单选题

【例 1】企业开出并能承兑的商业汇票到期时，如无力支付票据款，应借记应付票据，贷记（　　）。

A．应付账款　B．短期借款　C．财务费用　D．其他应付款

【答案】A

【解析】本题主要考查商业汇票的核算。商业汇票按承兑人不同可分为商业承兑汇票和银行承兑汇票。商业承兑汇票是出票人签发经付款承兑的汇票。企业开出并能承兑的商业汇票到期时，如无力支付票据款，应借记应付票据，贷记应付账款。

【例 2】如果企业开出的银行承兑汇票不能如期支付，应在票据到期并签发新的票据时，将应付票据账面价值转到（　　）。

A．应付账款　B．应收账款　C．短期借款　D．坏账准备

【答案】C

【解析】本题主要考查商业汇票的核算。商业汇票按承兑人不同可分为商业承兑汇票和银行承兑汇票。银行承兑汇票是由出票人签发经银行承兑的汇票。企业开出银行承兑汇票到期时，如无力支付票据款，应借记应付票据，贷记短期借款。

课堂练习

一、单选题

1．企业在规定的现金折扣期内享受的付款折扣，应冲减（　　）。

A．应付账款　B．银行存款

C．财务费用　D．主营业务收入

2．某企业购入钢材，价款 200 000 元，增值税率为 17%，对方给予现金折扣条件为（2/10，n/30）（增值税不考虑现金折扣），该企业于第 9 天付款，则应付账款为（　　）。

A．4000 元　B．234 000 元

C．200 000 元　D．230 000 元

3．应付银行承兑汇票到期，如企业无力付款，则应贷记（　　）。

A．应付账款　B．短期借款

C．应付票据　D．财务费用

4．企业预收账款不多的，可将预收账款直接计入（　　）账户的贷方。

A．应付账款　B．应收账款

C．预付账款　D．其他应付款

5．应付账款的入账价值为（　　）。

A．未来数额的贴现值　B．到期应付金额的现值

C．未来应付金额　D．正常金额

6．应付商业承兑汇票到期，如企业无力支付票款，将应付票据转为（　　）。

A．应付账款　B．短期借款

C．其他应收款　D．资本公积

7．企业的预收账款属于企业的（　　）。

A．资产　B．所有者权益

C．利润　D．负债

8．某企业于 2014 年 6 月 2 日从甲公司购入一批产品并验收入库，增值税专用发票上注明该批产品的价款为 150 万元，增值税税额为 25.5 万元。附条件“2/10，1/20，n/30”，合同中规定的现金折扣时不考虑增值税，该企业在 2014 年 6 月 11 日付清货款。则企业购买产品时该应付账款的入账价值为（　　）。

A．147 万元　　B．150 万元　　C．172.5 万元　　D．175.5 万元

9．企业在规定的现金折扣期内享受的付款折扣应（　　）。

A．作为理财损失　B．作为理财收益　C．增加进货成本　D．减少进货成本

10．某企业于 2014 年 6 月 2 日从甲公司购入一批产品并验收入库，增值税专用发票上注明该批产品的价款为 150 万元，增值税税额为 25.5 万元。附条件“2/10，1/20，n/30”，合同中规定的现金折扣时不考虑增值税，该企业在 2014 年 6 月 11 日付清货款。则财务费用的入账价值为（　　）。

A．3 万元　　B．3.51 万元

C．3.45 万元　　D．2.94 万元

二、业务题（要求编制相关的会计分录）

1．大华公司为增值税一般纳税人，2014 年 5 月 10 日从 A 公司购入材料一批，增值税专用发票上注明：价款 20 000 元，增值税额 3400 元，原材料验收入库，合同规定付款条件是：2/10，1/20，n/30。5 月 22 日以银行存款支付货款（现金折扣不考虑增值税）。

2．2014 年 1 月 5 日甲公司按合同预收乙公司的商品款 30 000 元存入银行，1 月 15 日甲公司发出商品并开出增值税专用发票注明价款 30 000 元，增值税 5100 元，1 月 22 日收到对方补付的商品款存入银行。

知识清单

第五节　应付职工薪酬

1．应付职工薪酬包括的内容有____。

2．职工工资核算的原始凭证主要包括＿＿＿＿＿＿。

3．＿＿＿＿＿＿是工资核算的主要原始记录，是编制工资单的主要依据。

4．工资单是＿＿＿＿＿＿的货币表现，是工资发放的原始依据。

5．＿＿＿＿＿＿是根据工资单汇总编制的，是编制工资发放和分配工资记账凭证的重要依据。

6．应付计件工资=＿＿＿＿＿＿。

7．企业以现金支付职工生活困难补助应编制的会计分录为：＿＿＿＿＿＿。

8．计提企业基本生产车间基本养老保险应编制的会计分录为：＿＿＿＿＿＿。

9．决定将自产的产品发放给生产工人时应编制的会计分录为：＿＿＿＿＿＿。

10．为经理无偿配备汽车计提折旧时应编制的会计分录为：＿＿＿＿＿＿。

知识点解析

（1）深刻理解应付职工薪酬的内容、原始凭证、核算内容。

（2）职工薪酬是指企业为获得职工提供的服务而给予各种形式的报酬以及其他相关支出。

经典例题解析

一、单选题

【例 1】下列职工薪酬，不属于非货币性福利的是（　　）。

A．企业以自己的产品发放给职工作为福利

B．向职工无偿提供自己拥有的资产使用

C．为职工无偿提供类似医疗保健的服务

D．因解除与职工的劳动关系给予的补偿

【答案】D

【解析】本题主要考查应付职工薪酬的内容。职工薪酬是指企业为获得职工提供的服务而给予各种形式的报酬以及其他相关支出。具体包括职工工资、奖金、津贴和补贴；职工福利费；社会保险费；住房公积金；工会经费和职工教育经费；非货币性福利；辞退福利；其他与获得职工提供的服务相关的支出。

【例 2】下列关于工资薪金的原始记录中，作为企业发放工资、进行工资分配依据的是（　　）。

A．考勤记录和工时记录　　B．产量记录

C．销售记录　　D．工资汇总表

【答案】D

【解析】本题为 2016 年春考试题。主要考查了应付职工薪酬核算中的有关原始凭证。

【例 3】某公司职工张博本月共生产甲产品 80 件，其中合格品 75 件，料废品 3 件，工废品 2 件，计件单价为 50 元，那么张博本月的计件工资为（　　）。

A．4000 元　　B．3750 元　　C．3850 元　　D．3900 元

【答案】D

【解析】本题主要考查应付计件工资的计算。计件工资计算的主要依据有合格品数量、料

废品数量、计件单价。其计算公式为：应付计件工资 =（合格品数量+料废品数量）× 计件单价=（75+3）× 50=3900 元。

【例 4】下列各项中，不通过“应付职工薪酬”账户核算的是（　　）。

A．企业支付的工会经费和职工教育经费

B．企业管理人员领用的日常办公用品

C．企业高级管理人员使用小轿车计提的折旧费

D．企业解除与职工的劳动关系给予的补偿

【答案】B

【解析】本题主要考查应付职工薪酬的内容。职工薪酬是指企业为获得职工提供的服务而给予各种形式的报酬以及其他相关支出。具体包括职工工资、奖金、津贴和补贴；职工福利费；社会保险费；住房公积金；工会经费和职工教育经费；非货币性福利；辞退福利；其他与获得职工提供的服务相关的支出。

二、计算题

鸿昌公司第一生产车间一班有三个生产工人组成，他们分别是张杰、李庆和王光，本月一班共同生产甲、乙两种产品，甲产品完工验收入库的合格品为 156 件，料废品 4 件，工废品 2 件，计件单价 10 元，乙产品完工验收入库的合格品为 234 件，料废品 6 件，工废品 8 件，计件单价 30 元，本月一班的工时记录情况为：张杰为 275 小时，李庆为 265 小时，王光为 260 小时。

要求：（1）计算本月一班的应付计件工资。

（2）根据工时数，计算工资分配率。

（3）计算一班应付每个生产工人的计件工资。

【答案】（1）应付计件工资＝（156+4）×10+（234+6）×30＝8800 元

（2）工资分配率＝8800÷（275+265+260）＝11

（3）张杰的计件工资＝275×11＝3025 元

李庆的计件工资＝265×11＝2915 元

王光的计件工资＝260×11＝2860 元

【解析】本题主要考查应付职工薪酬的计算。计时工资计算取决的因素主要有基本工资和工作时间。基本工资按其计算的时间不同，有按年计算的年薪，按月计算的月薪，按日计算的日薪和按小时计算的小时工资。目前我国大多数企业的工资都采用月薪制。计件工资计算的主要依据有合格品数量、料废品数量、计件单价。其计算公式为：应付计件工资 =（合格品数量+料废品数量）×计件单价。

三、业务题

【例 1】华盛公司为增值税一般纳税人，共有职工 300 人，其中生产工人 210 人、车间管理人员 30 人、行政人员 40 人、销售人员 20 人，2010 年 3 月发生下列部分经济业务。

（1）根据“工资结算汇总表”结算本月应付工资总额 550 000 元，公司代垫职工家属医药费 30 000 元，代扣个人所得税 20 000 元，实发工资 500 000 元（采用银行代发工资方式）。

（2）根据“工资薪酬分配汇总表”列示的内容分配如下：产品生产工人的工资为

380 000 元，车间管理人员的工资为 60 000 元，单位行政人员的工资为 70 000 元，销售人员的工资为 40 000 元。

（3）按照国家规定的标准应计提缴纳的各种社会保险费共计 110 000 元，其中生产工人为 76 000 元，车间管理人员为 12 000 元，行政人员为 14 000 元，销售人员为 8000 元，并以银行存款如实上缴。

（4）公司按照职工工人数以福利的形式发放本公司生产的某产品 300 件，该产品单位生产成本 80 元，市场销售价 150 元，适用的增值税率为 17%。

（5）公司以现金形式支付行政部门的职工徐某生活困难补助 1000 元。

根据以上经济业务，编制会计分录。

【答案】

（1）借：应付职工薪酬——工资	550 000	
贷：应交税费		20 000
其他应收款		30 000
银行存款		500 000
（2）借：生产成本	380 000	
制造费用	60 000	
管理费用	70 000	
销售费用	40 000	
贷：应付职工薪酬——工资		550 000
（3）借：生产成本	76 000	
制造费用	12 000	
管理费用	14 000	
销售费用	8000	
贷：应付职工薪酬——社会保险费		110 000
借：应付职工薪酬——社会保险费	110 000	
贷：银行存款		110 000
（4）借：生产成本	36 855	
制造费用	5265	
管理费用	7020	
销售费用	3510	
贷：应付职工薪酬——社会保险费		52 650
借：应付职工薪酬——社会保险费	52 650	
贷：主营业务收入		45 000
应交税费——应交增值税（销项税额）		7650

借：主营业务成本 24 000

　　贷：库存商品 24 000

（5）借：应付职工薪酬——职工福利 1000

　　贷：库存现金 1000

借：管理费用 1000

　　贷：应付职工薪酬——职工福利 1000

【解析】本题主要考查应付职工薪酬的核算。企业在应付职工薪酬核算中开设了“应付职工薪酬”账户，该账户贷方反映已分配计入有关成本费用项目的职工薪酬的数额，借方反映实际发入职工薪酬的数额。该账户期末贷方余额，反映企业应付未付的职工薪酬。应按“工资”“职工福利”“社会保险”“住房公积金”“工会经费”“职工教育经费”“非货币性福利”等项目设置明细科目，进行明细核算。

【例 2】俊荣公司的工资发放采用在银行设立职工个人工资账户形式，职工福利按实际发生额分配。该公司 2014 年 9 月份发生如下有关工资薪酬的部分经济业务。

（1）根据“工资结算汇总表”结算本月的应付工资总额 360 000 元，公司从工资中扣除为职工代垫的医药费 5000 元，代扣职工个人所得税 15 000 元，实发工资 340 000 元，转入职工个人工资账户。

（2）根据职工的实际情况以现金向职工支付生活困难补助 8000 元，其中生产工人 5000 元，车间管理人员 2000 元，企业行政管理人员 1000 元。

（3）根据工资费用分配表分配本月应付工资总额 360 000 元，其中生产工人工资 285 000 元、车间管理人员工资 35 000 元、企业行政管理人员工资 22 000 元、专设销售机构人员工资 18 000 元。

（4）根据工资费用分配表按 12%计算应缴纳的职工基本养老保险费 43 200 元，并通过公司开户银行上缴。

（5）本公司共有职工 100 人，其中生产工人 85 人、车间管理人员 6 人、企业行政管理人员 4 人、专设销售机构人员 5 人。月末将生产的 100 台 A 产品作为国庆福利发放给职工（每人 1 台），该产品的单位市场售价为 400 元（不含税），适用的增值税税率为 17%。

要求：编制俊荣公司有关工资薪酬的会计分录。

【答案】

（1）借：应付职工薪酬——工资 340 000

　　贷：银行存款 340 000

借：应付职工薪酬——工资 20 000

　　贷：其他应收款 5000

　　　　应交税费——应交个人所得税 15 000

（2）借：应付职工薪酬——职工福利 8000

贷：库存现金　8000

借：生产成本　5000

制造费用　2000

管理费用　1000

贷：应付职工薪酬——职工福利　8000

（3）借：生产成本　285 000

制造费用　35 000

管理费用　22 000

销售费用　18 000

贷：应付职工薪酬——工资　360 000

（4）借：生产成本　34 200

制造费用　4200

管理费用　2640

销售费用　2160

贷：应付职工薪酬——社会保险费　43 200

借：应付职工薪酬——社会保险费　43 200

贷：银行存款　43 200

（5）借：生产成本　39 780

制造费用　2808

管理费用　1872

销售费用　2340

贷：应付职工薪酬——非货币性福利　46 800

借：应付职工薪酬——社会保险费　46 800

贷：主营业务收入　40 000

应交税费——应交增值税（销项税）　6800

【解析】本题主要考查应付职工薪酬的核算。企业在应付职工薪酬核算中开设了“应付职工薪酬”账户，该账户贷方反映已分配计入有关成本费用项目的职工薪酬的数额，借方反映实际发入职工薪酬的数额。该账户期末贷方余额，反映企业应付未付的职工薪酬。应按“工资”“职工福利”“社会保险”“住房公积金”“工会经费”“职工教育经费”“非货币性福利”等项目设置明细科目，进行明细核算。

课堂练习

一、单选题

1．企业以自己的产品或其他有形资产发放给职工作为福利，或为职工无偿提供类似医疗保健等服务称为（　　）。

A．职工福利费　　B．非货币性福利

C．津贴　　D．工会经费

2．应付职工薪酬的内容不包括（　　）。

A．社会保险费　　B．非货币性福利

C．辞退福利　　D．职工奖励及福利基金

3．（　　）是反映工资发放的原始凭证，是原始记录的货币表现。

A．考勤记录　　B．产量记录

C．工资单　　D．工资汇总表

4．（　　）是编制工资发放和分配工资记账凭证的重要依据。

A．工时记录　　B．产量记录

C．工资单　　D．工资汇总表

5．计件工资的计算依据是（　　）。

A．基本工资和工作时间　　B．合格品数量和计件单价

C．基本工资和产品数量　　D．合格品数量和料废品数量及计件单价

6．外商投资企业按规定从净利润中提取的职工奖励及福利基金，应借记（　　）。

A．利润分配　　B．生产成本

C．管理费用　　D．应付职工薪酬

7．下列各项不应通过“应付职工薪酬”核算的是（　　）。

A．车间管理人员困难补助　　B．退休人员退休金

C．生产工人医药费　　D．行政管理人员经常性奖金

8．企业从应付职工工资中代扣的房租，应借记（　　）。

A．其他应收款　　B．其他应付款

C．应付职工薪酬　　D．银行存款

9．企业收到职工未按时领取的工资时，贷记（　　）。

A．应付职工薪酬　　B．其他应付款

C．其他应收款　　D．应交税费

10．不属于职工福利费用途的是（　　）。

A．职工医药费　　B．企业医务人员工资

C．职工生活困难补助　　D．弥补亏损

二、业务题

甲公司为增值税一般纳税人，适用的增值税税率为 17%。2014 年 3 月发生与职工薪酬有关的交易或事项如下。

（1）对行政管理部门使用的设备进行日常维修，应付企业内部维修人员工资 1.2 万元。

（2）对生产线进行改造，应付企业内部改造工程人员工资 3 万元。

（3）为公司总部下属 25 位部门经理每人配备汽车一辆免费使用，假定每辆汽车每月折旧 0.08 万元。

（4）将 50 台自产的 V 型厨房清洁器作为福利分配给本公司行政管理人员。该厨房清洁器每台生产成本为 1.2 万元，市场售价为 1.5 万元（不含增值税）。

（5）月末，分配职工工资 150 万元，其中直接生产产品人员工资 105 万元，车间管理人员工资 15 万元，企业行政管理人员工资 20 万元，专设销售机构人员工资 10 万元。

（6）以银行存款缴纳职工医疗保险费 5 万元。

（7）以现金支付职工李某生活困难补助 0.1 万元。

要求：编制甲公司 2014 年 3 月上述交易或事项的会计分录。

（“应交税费”科目要求写出明细科目和专栏名称，答案中的金额单位用万元）

知识清单

第六节　应交税费

1．应交税费的期末余额一般在贷方，反映________________。

2．____________________________不在应交税费账户中核算。

3．应交增值税的借方登记___________________________。

4．应交增值税的贷方登记________________________。

5．企业上交本月的增值税应编制的会计分录为：_______________。

6．企业上交上月的增值税应编制的会计分录为：_______________。

7．小规模纳税人销售产品缴纳增值税，款未收时应编制的会计分录为：___________。

8．企业销售需要交纳消费税的物资应交消费税额应编制的会计分录为：___________________。

9．企业以生产的应税消费品用于在建工程及非生产机构时，按规定应交纳的消费税额编制的会计分录为：______________________。

10．委托加工物资收回后，直接用于销售的，将代收代交的消费税计入____________。

11．委托加工物资收回后，用于连续生产的，将代收代交的消费税计入____________。

12．企业按规定计算出应交纳的城市维护建设税额，应借记________________。

13．企业按规定计算出应交纳的房产税、土地使用税、车船税，应借记________。

14．企业按规定计算出应代扣代交的职工个人所得税额，应借记________。

知识点解析

深刻理解应交税费的种类及其核算。

应交税费是指企业根据在一定时期内取得的营业收入、实现的利润等，按现行税法规定，采用一定的计税方法计提的应交纳的各种税费。

经典例题解析

一、单选题

【例 1】下列各项中，应通过“应交税费”账户核算的是（　　）。

A．工会经费　　B．印花税

C．应交教育费附加　　D．职工教育经费

【答案】C

【解析】本题主要考查应交税费的内容。应交税费是指企业根据在一定时期内取得的营业收入、实现的利润等，按照现行税法规定，采用一定的计税方法计提的应交纳的各种税费，包括应交增值税、消费税、资源税、所得税、土地增值税、城市维护建设税、房产税、土地使用税、车船税、教育费附加、矿产资源补偿费、个人所得税、工会经费等，印花税、耕地占用税以及其他不需要预计应交的税金不通过应交税费核算。

【例 2】某企业为增值税一般纳税人，2010 年实际缴纳的各种税金如下：增值税 100 万元，消费税 200 万元，城市维护建设税 21 万元，房产税 8 万元，城镇土地使用税 6 万元，车船税 4 万元，印花税 2 万元，车辆购置税 3 万元，应计入“管理费用”账户的金额为（　　）。

A．344 万元　　B．244 万元　　C．20 万元　　D．23 万元

【答案】C

【解析】本题主要考查记入管理费用的税金。企业按规定计算出应交的房产税、印花税、土地使用税、车船税，借：管理费用 贷：应交税费，计入管理费用的金额 = 8+6+4+2 = 20 万元。

二、业务题

【例 1】嘉泰公司为生产某应税消费品的一般纳税人，增值税税率为 17%，消费税税率为 5%，2012 年 12 月发生如下部分经济业务。

（1）本月应税消费品的销售收入为 900 000 元，计算并结转本月应缴纳的消费税额。

（2）将企业生产的应税消费品用于在建工程，该应税消费品的不含税售价为 80 000 元，成本为 50 000 元。

（3）委托康辰公司加工一批应税消费品，发出 C 材料成本为 85 000 元。

（4）以银行存款支付康辰公司的加工费和消费税（该应税消费品无同类销售价格）。取得的增值税专用发票上注明的加工费为 10 000 元，增值税为 1700 元，该批委托加工物资收回后全部用于连续生产应税消费品。

（5）加工完成后，收回该批委托加工的应税消费品，作为本公司的 D 材料。

要求：根据以上资料编制嘉泰公司有关的会计分录。

【答案】

（1）借：营业税金及附加　45 000
　　贷：应交税费——应交消费税　45 000

（2）借：在建工程　67 600
　　贷：库存商品　50 000
　　　　应交税费——应交增值税（销项税）　13 600
　　　　　　　　——应交消费税　4000

（3）借：委托加工物资　85 000
　　贷：原材料　85 000

（4）借：委托加工物资　10 000
　　应交税费——应交增值税（进项税额）　1700
　　　　　　——应交消费税　5000
　　贷：银行存款　16 700

（5）借：原材料　95 000
　　贷：委托加工物资　95 000

【解析】本题主要考查消费税。需要交纳消费税的委托加工物资，由受托方代收代交税款。委托加工物资收回后，直接用于销售的，将代收代交的消费税计入委托加工物资的成本，借：委托加工物资 贷：应付账款等，委托加工物资收回后用于连续生产的，按规定准予抵扣，委托方应按代收代交的消费税，借：应交税费 贷：应付账款等。

【例 2】凯利公司为增值税一般纳税人，增值税税率为 17%，该公司 2013 年 8 月发生如下部分经济业务。

（1）接受海平公司投资转入的丙材料一批，增值税专用发票上注明的价款 850 000 元，增值税 144 500 元，海平公司取得凯利公司注册份额为 930 000 元，材料已验收入库。

（2）以银行存款支付海磊公司的车间设备修理费 8190 元，增值税专用发票上注明价款 7000 元，增值税 1190 元。

（3）向海林公司销售 B 产品一批，开出的增值税专用发票上注明价款 1670 000 元，增值税 283 900 元，收到对方签发的 3 个月的商业汇票一张。

（4）将购进的生产用丁材料 56 000 元用于职工集体福利。

（5）以银行存款上交本月增值税 145 000 元

要求：编制凯利公司有关的会计分录。

【答案】

（1）借：原材料　850 000
　　应交税费——应交增值税（进项税额）　144 500
　　贷：实收资本　930 000

资本公积　　64 500

（2）借：管理费用　　7000

应交税费——应交增值税（进项税额）　　1190

贷：实收资本　　8190

（3）借：应收票据　　1953 900

贷：主营业务收入　　1670 000

应交税费——应交增值税（销项税额）　　283 900

（4）借：应付职工薪酬——非货币性福利　　65 520

贷：原材料　　56 000

应交税费——应交增值税（进项税额转出）　　9520

（5）借：应交税费——应交增值税（已交税金）　　145 000

贷：银行存款　　145 000

【解析】本题主要考查增值税的核算。一般纳税人允许抵扣的进项税记入应交税费——应交增值税（进项税额）的借方，销项税记入应交税费——应交增值税（销项税额），进项税转出记入应交税费——应交增值税（进项税额转出），上交本月的增值税：借：应交税费——应交增值税（已交税金）贷：银行存款。

课堂练习

一、单选题

1．甲企业本月应交房产税 2 万元，应交土地使用税 2 万元，印花税 1 万元，耕地占用税 10 万元，契税 5 万元，车辆购置税 0.8 万元，则本期影响应交税费科目的金额是（　　）。

A．20.8 万元　　B．19.8 万元

C．9.8 万元　　D．4 万元

2．不可以记入营业税金及附加账户的税费有（　　）。

A．消费税　　B．增值税

C．资源税　　D．城建税

3．下列税金与企业损益无关的有（　　）。

A．城市维护建设税　　B．营业税

C．所得税　　D．一般纳税企业的增值税销项税额

4．企业上交本月应交的增值税时，登记（　　）账户。

A．应交税费——应交增值税（转出未交增值税）

B．应交税费——应交增值税（转出多交增值税）

C．应交税费——应交增值税（已交税金）

D．应交税费——未交增值税

5．某公司采购免税农产品一批，以银行存款支付价款 9500 元，应代收代缴的农业特产税 500 元，则该批农业产品的采购成本为（　　）。

A．8700 元　　B．8265 元

C．9500 元　　D．10 000 元

6．下列不通过应交税费核算的是（　　）。

A．城建税　　B．增值税

C．所得税　　D．印花税

7．企业销售应税消费品需要交纳的消费税在计提时，应借记（　　）。

A．销售费用　　B．在建工程

C．其他业务成本　　D．营业税金及附加

8．下列不通过应交税费科目核算的是（　　）。

A．耕地占用税　　B．个人所得税

C．增值税　　D．营业税

9．应交税费——应交增值税多栏式明细账中，不包括（　　）。

A．已交税金　　B．转出未交增值税

C．销项税　　D．未交增值税

10．甲公司本期应交房产税 2 万元，印花税 1 万元，应交土地使用税 3 万元，耕地占用税 8 万元，契税 6 万元，教育费附加 1 万元，车辆购置税 0.6 万元，则本期影响“应交税费”科目的金额是（　　）。

A．7 万元　　B．14 万元

C．6 万元　　D．21.6 万元

11．甲公司为增值税一般纳税人，适用的增值税税率为 17%。甲公司委托乙公司（增值税一般纳税人)代为加工一批属于应税消费品的原材料(非金银首饰)，该批委托加工原材料收回后用于继续加工应税消费品。发出原材料实际成本为 620 万元，支付的不含增值税的加工费为 100 万元，增值税额为 17 万元，代交的消费税额为 80 万元。该批委托加工原材料已验收入库，其实际成本为（　　）。

A．720 万元　　B．737 万元

C．800 万元　　D．817 万元

12．下列各款项中，不属于应交税费的有（　　）。

A．应交的城市维护建设税　　B．应交的矿产资源补偿费

C．应付经营租入包装物的租金　　D．应交的土地增值税

13．增值税小规模纳税人在月份终了，交纳本月应交未交的增值税的会计处理方法是（　　）。

A．贷记“应交税费—应交增值税”

B．借记“应交税费—应交增值税”

C．冲减“应交税费—应交增值税（销项税额）”

D．做“应交税费—应交增值税（进项税额转出）”

14．城市维护建设税的计税依据，是从事生产经营活动的单位和个人实际缴纳的

（　）。

A．增值税、消费税　　B．增值税、所得税

C．增值税、关税　　D．消费税、所得税

15．某企业购入一批材料，增值税专用发票上注明价款 6000 元，增值税额 1020 元，销售方规定的付款条件为“3/10，n/30”（现金折扣不考虑增值税），若该企业在 10 天内付款，则可少付（　　）。

A．7020 元　　B．210.6 元

C．180 元　　D．6840 元

二、业务题

1．某企业为增值税一般纳税人，材料按实际成本进行日常核算。2014 年 3 月发生如下业务。

（1）1 日，购入一台设备，增值税专用发票上的设备价款 1 200 00 元，增值税额 20 400 元，款项已通过银行支付。

（2）3 日，购入原材料一批，增值税专用发票上的材料价款 56 000 元，增值税额为 9520 元。材料已经验收入库，货款尚未支付。

（3）5 日，从小规模纳税企业购入材料一批，销货方开出的普通发票上的货款为 530 000 元，企业开出商业承兑汇票一张，材料已验收入库。

（4）14 日，将自制的库存商品用于职工福利，该批商品的成本 28 000 元，计税价为 30 000 元。

（5）15 日，本月收购农产品一批，支付款项 30 000 元。

（6）18 日，上月销售的商品，因质量不合格要求退货，企业接受退货，并开出增值税专用发票，注明价款 50 000 元，税率 17%。该商品的销售成本 40 000 元，货已退回，货款对方未付。

（7）20 日，销售商品取得收入 760 000 元，增值税税率 17%，企业收到银行承兑汇票一张。

（8）31 日，用银行存款缴纳本月增值税 22 000 元。

（9）31 日，结转本月未交或多交的增值税。

要求：计算销项税、进项税以及应交的增值税，并计算本月多交或未交的增值税。

2．3 月 2 日委托 A 企业加工材料（非金银首饰），原材料价款为 300 000 元，加工费用为 120 000 元，由受托方代收代交的消费税为 12 000 元，材料已经加工完毕并验收入库，加工费用以及消费税尚未支付。假设甲公司材料采用实际成本进行核算。加工完后用于直接销售。要求：编制相关的会计分录。

三、计算题

某企业为增值税一般纳税人，增值税税率为 17%，原材料按实际成本核算。2014 年 6 月发生以下经济业务。

（1）购入甲材料一批，已验收入库，增值税专用发票注明的价款、税款分别为 200 000 元、34 000 元，另支付运费 30 000 元（不考虑运费的增值税），款项均已支付。

（2）将自产的篮球捐赠给某体育训练队，成本价 300 000 元，计税价格 340 000 元。

（3）领用甲材料 60 000 元用于企业不动产的安装。

（4）月末缴纳本月增值税 20 000 元。

要求：计算本月销项税、准予抵扣的进项税额、应纳增值税、未交或多交的增值税。

知识清单

第七节　其他应付款

1．其他应付款内容包括______________________________。

2．办公用房发生应付未付的租金应编制的会计分录：________________。

3．收取押金应编制的会计分录：____________________。

4．退回押金应编制的会计分录：____________________。

知识点解析

深刻理解其他应付款的概念与内容。

其他应付款是指企业除了应付票据、应付账款、预收账款、应付职工薪酬、应交税费等流动负债外，还会发生一些应付、暂收其他单位和个人的款项。

第八节　短期借款

1．短期借款指____。

2．短期借款的种类包括____________________________________。

3．应付利息的贷方登记____________________________________。

4．每月支付短期借款利息的会计分录为：__________________________。

5．按月计提短期借款利息的会计分录为：__________________________。

6．归还短期借款本金的会计分录为：______________________________。

知识点解析

深刻理解短期借款的概念与内容、短期借款的利息。

1．短期借款指企业向银行或其他金融机构等借入的期限在1年以下（含1年）的各种借款。

2．短期借款的种类：生产经营周转借款、临时借款、票据贴现借款等。

第九节　长期借款

1．长期借款是指________________________。

2．长期借款包括________________________。

3．属于筹建期间的长期借款利息应计入____________。

4．属于生产经营期间的长期借款利息应计入______________。

5．在固定资产尚未达到预定可使用状态前所发生的长期借款利息应当__________；在固定资产尚未达到预定可使用状态后所发生的长期借款的利息支出数应计入______________。

知识点解析

深刻理解长期借款的概念与内容、长期借款的利息。

1．长期借款是指企业向银行或其他金融机构借入的期限在1年以上（不含1年）的各项借款。

2．长期借款包括：固定资产投资借款、更新改造借款、科研开发借款

经典例题解析

一、单选题

【例 1】属于生产经营期间发生的长期借款费用，应计入（　　）。

A．财务费用　　B．在建工程成本

C．长期待摊费用　　D．销售费用

【答案】A

【解析】本题主要考查长期借款的核算。属于筹建期间的，计入管理费用；属于生产经营期间的，计入财务费用。

【例 2】下列长期借款的利息，应计入管理费用的是（　　）。

A．归属于生产经营期间的长期借款利息

B．用于固定资产购建的长期借款，在尚未达到预定可使用状态前发生的利息

C．在固定资产达到预定可使用状态后发生的长期借款利息

D．归属于筹建活动的长期借款利息

【答案】D

【解析】本题主要考查长期借款的核算。属于筹建期间的，计入管理费用；属于生产经营期间的，计入财务费用。

二、业务题

凯宁公司为增值税一般纳税人，2013 年发生如下部分经济业务：10 月 1 日，向某银行借入期限为 6 个月的临时借款，金额为 84 000 元，年利率为 8%，按月计提利息，与银行签订的借款合同约定按季支付利息。

要求：编制凯宁公司 12 月末支付利息的会计分录。

【答案】借：财务费用　560

　　应付利息　1120

　　贷：银行存款　1680

【解析】本题主要考查短期借款利息的核算。为了反映和监督各种短期借款的取得和归还业务，开设了“短期借款”账户，借入本金时记入该账户的借方，归还借款时，记入该账户的贷方。“应付利息”账户核算企业按照合同约定应支付的利息，企业在资产负债日计算确定利息费用时记入该账户的贷方，实际支付时记入该账户的借方，期末贷方余额反映企业应付未付的利息。本题是 2014 年考题中的一部分，主要考查分期付息的利息如何核算。

课堂练习

一、单选题

1．下列不通过其他应付款账户核算的是（　　）。

A．租入包装物的租金　　B．租入固定资产租金

C．存入保证金　　D．存出保证金

2．企业按季预提短期借款利息，应贷记（　　）。

A．应付利息　　B．短期借款

C．财务费用　　D．管理费用

3．下列属于短期借款的是（　　）。

A．固定资产投资借款　　B．更新改造借款

C．科研开发借款　　D．生产经营周转借款

4．短期借款核算时不涉及的账户是（　　）。

A．应付利息　　B．财务费用

C．销售费用　　D．银行存款

5．不属于其他应付款的内容的是（　　）。

A．存入的保证金　　B．应付的赔偿金

C．应付租金　　D．应补付的货款

6．企业收取的包装物押金应计入（　　）。

A．营业外收入　　B．其他应付款

C．其他应收款　　D．其他业务收入

7．属于生产经营期间的长期借款利息，应计入（　　）。

A．财务费用　　B．在建工程成本

C．长期待摊费用　　D．长期借款

8．企业计提银行短期借款利息，应记入（　　）。

A．短期借款的贷方　　B．应付利息的贷方

C．财务费用的贷方　　D．预提费用的贷方

9．企业发生的短期借款利息，按季支付，季度的第一个月份预提计入当期损益的利息，正确的处理是（　　）。

A．借：财务费用
　　贷：预提费用

B．借：财务费用
　　贷：应付利息

C．借：财务费用
　　贷：短期借款

D．借：预提费用
　　贷：银行存款

10．下列事项中，应通过其他应付款科目核算的是（　　）。

A．存出的保证金　　B．应付股东的股利

C．应付租入的包装物的租金　　D．预收部分货款

二、业务题

1．大华公司于 2014 年 6 月 30 日借入 6 个月的生产经营周转借款 300 000 元，年利率为 3.8%，借款利息按月支付，到期一次还本。

要求：根据上述业务编制相关分录。

2．大胜公司于 2013 年 1 月 1 日借入固定资产投资借款 600 万元，存入银行。该借款利率 3%，期限 2 年，合同规定到期还本付息。该工程于 2013 年 10 月末达到预定可使用状态，该借款于 2014 年末到期还本付息。

要求：（1）编制取得借款的会计分录。

（2）编制 2013 年末计提借款利息的会计分录。

（3）编制 2014 年末计提借款利息的会计分录。

第七章

所有者权益

考纲要求

1．理解所有者权益的内容、特点以及与债权人权益的区别。

2．掌握投入资本、资本公积和盈余公积的核算。

考纲分析

1．该项目内容知识难度不高，一般与利润结合在一起进行考查，主要考查盈余公积的理论知识比较多。

2．近几年高考试题中主要以选择题为主。2011 年考查过一个综合业务题，2014 年考查过一个业务题。

第一节　所有者权益概述

知识清单

1．所有者权益的概念与内容。

（1）所有者权益是指________________________________。

（2）所有者权益的内容包括__________________________。

（3）__________________________称为留存收益。

（4）所有者权益的特点包括____。

（5）所有者权益与债权人权益的区别包括__________________________________。

（6）实收资本是指__________________________。

（7）资本公积是指__________________________。

（8）盈余公积是指__________________________。

（9）未分配利润是指________________________。

2．投入资本。

（1）投资人可以用____________，也可以用______________。

（2）投资外币就需采用______________________为记账本位币。

（3）如果合同没有约定汇率，资产账户和实收资本账户均按____________________________记账。

（4）如果合同约定汇率，对实收资本账户按______________，对资产账户仍按____________________________记账。因汇率不同产生的折合差额，作为________________处理。

第二节　所有者权益

1．资本公积。

（1）资本公积包括________________________________。

（2）资本溢价是指________________________________。

（3）资本公积属于______________________________。现行公司法规定，资本公积主要是__________________________________。

（4）投资者投入的资本中按其投资比例计算的出资额部分，应计入__________账户，大于部分应记入___________________账户。

2．盈余公积。

（1）盈余公积是指____。

（2）盈余公积按其计提的依据不同可分为________________________。

（3）盈余公积的用途包括____________________________________。

（4）法定盈余公积转增资本后留存的法定盈余公积不得少于企业注册资本的______________________。

（5）提取盈余公积的会计分录______________________________。

（6）盈余公积弥补企业亏损的会计分录________________________。

（7）盈余公积转增企业资本的会计分录________________________。

（8）盈余公积发放现金股利或利润的会计分录__________________。

知识点解析

深刻理解所有者权益的概念、内容及核算。

（1）所有者权益是指企业资产扣除负债后由所有者享有的剩余权益。

（2）所有者权益包括实收资本、资本公积、盈余公积和未分配利润。

经典例题解析

一、单选题

【例 1】企业用盈余公积转增资本后，留存的法定盈余公积不得少于企业注册资本的（　　）。

A．5%　　B．15%　　C．25%　　D．35%

【答案】C

【解析】本题主要考查法定盈余公积提取比例。经股东会计决议，可以将盈余公积转为股本，在转为股本时，应办理增减手续，应按原股东持股比例结转。但法定盈余公积转增资本后留存的法定盈余公积不得少于企业注册资本的25%。

【例 2】盈余公积不能用于（　　）。

A．转增资本　　B．弥补亏损

C．职工个人福利支出　　D．发放现金股利

【答案】C

【解析】本题主要考查法定盈余公积的用途。盈余公积的用途主要有弥补亏损；转增企业资本；发放现金股利或利润。

【例 3】当企业的法定盈余公积达到注册资本的一定比例后，可不再计提法定盈余公积，那么这一比例为（　　）。

A．20%　　B．25%　　C．30%　　D．50%

【答案】D

【解析】本题主要考查法定盈余公积的计提比例。在计算提取法定盈余公积时，不应包括企业年初未分配利润。当提取的法定盈余公积达到注册资本的50%时，可不再提取。

【例 4】下列各项中，属于资本范畴与企业利润无关的是（　　）。

A．应付债券　　B．法定盈余公积　　C．任意盈余公积　　D．资本公积

【答案】D

【解析】本题主要考查资本公积的定义。资本公积属于资本范畴，与企业的利润无关。现行公司法规定，资本公积主要是用来转增资本，从而更好地反映投资者的权益。

【例 5】所有者权益是对投资人所负担的经济责任，而债权人是对债权人所负担的经济责任，二者的这种不同属于（　　）。

A．性质不同　　B．对象不同

C．享有的权利不同　　D．风险不同

【答案】B

【解析】本题主要考查所有者权益与债权人权益的区别。所有者权益是对投资人所负担的经济责任，而债权人是对债权人所负担的经济责任，这说明对象不同。

【例 6】下列各项中，属于资本范畴，与企业的利润无关，又不属于在注册资本中所占的份额，应为（　　）。

A．盈余公积　　B．实收资本　　C．资本公积　　D．投资收益

【答案】C

【解析】本题主要考查所有者权益的内容。本题主要考查资本公积的定义。资本公积属于资本范畴，与企业的利润无关。现行公司法规定，资本公积主要是用来转增资本，从而更好地反映投资者的权益。

二、业务题

惠施公司为有限责任公司，发生的有关所有者权益的部分经济业务如下。

（1）惠东公司由昌东、昌西、昌南三家公司投资设立，货币投资额分别为昌东公司 800 000 元、昌西公司 700 000 元，昌南公司 500 000 元，均已存入银行。

（2）经过三年的生产经营运作，第三年年末的所有者权益总额为 5 000 000 元。因公司经营前景广阔，经协商并一致同意昌北公司出资 1 300 000 元，持有惠施公司 20%的股份份额，该款项已存入惠施公司银行账户。

（3）第四年末，公司有可供分配利润 1 500 000 元，根据股东会决议，按股份份额向投资者分配现金股利 600 000 元。

（4）第五年末，经股东会决议，公司按股份份额用法定盈余公积转增资本 300 000 元。

要求：根据以上经济业务，编制惠施公司有关所有者权益的会计分录。

【答案】

（1）借：银行存款	2 000 000	
贷：实收资本——昌东公司		800 000
——昌西公司		700 000
——昌南公司		500 000
（2）借：银行存款	1 300 000	
贷：实收资本——昌北公司		500 000
资本公积		800 000
（3）借：利润分配——应付现金股利	600 000	
贷：应付股利——昌东公司		192 000
——昌西公司		168 000
——昌南公司		120 000
——昌北公司		120 000
（4）借：盈余公积——法定盈余公积	300 000	
贷：实收资本——昌东公司		96 000
——昌西公司		84 000
——昌南公司		60 000
——昌北公司		60 000

【解析】本题为 2016 年春考试题，主要考查所有者权益的核算。

课堂练习

一、单选题

1. 所有者权益的来源不包括（　　）。

A. 投入的资本　　B. 直接计入的利得和损失

C. 留存收益　　D. 销售商品收益

2. 所有者权益的特点不包括（　　）。

A. 是企业投资者对企业净资产的要求权

B. 是企业的本钱，是企业取得其他资金的基础

C. 供企业长期使用无须偿还

D. 日常活动中经济利益的总流入

3. 所有者权益与债权人权益的区别不包括（　　）。

A. 对象不同　　B. 性质不同

C. 享受权利不同　　D. 偿还期限相同

4. 关于所有者权益与债权人权益的区别下列说法正确的是（　　）。

A. 两者都可以参加企业的经营管理

B. 两者必须于一定时期偿还

C. 所有者权益风险小，债权人权益风险大

D. 所有者权益对投资人负担经济责任，债权人权益是对债权人负担的经济责任

5. 企业发生年度亏损，可以用以后年度的税前利润弥补，但弥补期限不得超过（　　）。

A. 2年　　B. 3年

C. 4年　　D. 5年

6. 若投入的是外币，有合同汇率时，则实收资本账户金额的确定按（　　）汇率来折合（　　）。

A. 合同汇率　　B. 当日汇率

C. 合同汇率与当日汇率两者较低者　　D. 合同汇率与当日汇率之和除以2

7. 企业投资者投入的资金超过其在注册资本中所占份额的部分是（　　）。

A. 实收资本　　B. 资本公积

C. 盈余公积　　D. 留存收益

8. 提取法定盈余公积时，当达到注册资本（　　）比例时，可不再提取。

A. 25%　　B. 20%

C. 10%　　D. 50%

9. 盈余公积的用途不包括（　　）。

A. 弥补亏损　　B. 转增资本

C. 发放现金股利　　D. 用于个人职工福利

10. 法定盈余公积转增资本后留存的法定盈余公积不得少于企业注册资本的（　　）。

A．50%　　B．10%
C．20%　　D．25%

11．设所得税税率为 25%，盈余公积提取 10%，在没有纳税调整及补亏的情况下，企业可自主部分占利润总额的（　　）。

A．47%　　B．67.5%
C．53%　　D．37%

12．企业从净利润中形成的资本积累，应计入（　　）。

A．资本公积　　B．实收资本
C．盈余公积　　D．营业外收入

13．资本公积主要用于（　　）。

A．转增资本　　B．弥补亏损
C．发放现金股利和利润　　D．企业扩大生产

14．某股份制公司委托某证券公司代理发行普通股 200 万股，每股面值 1 元，每股按 2.3 元的价格出售，按协议，证券公司从发行收入中收取 2%的手续费，从发行收入中扣除。则该公司计入股本的数额为（　　）。

A．460 万元　　B．450.8 万元
C．200 万元　　D．250.8 万元

15．某企业委托证券商代理发行股票 5000 万股，每股面值 1 元，每股发行价格 6 元，按发行价格的 1%向证券商支付发行费用。该企业收到股款时，应计入“资本公积”科目的金额为（　）。

A．24 650 万元　　B．24 700 万元
C．24 750 万元　　D．25 000 万元

16．下列账户需要按所有者设置明细账的是（　　）。

A．利润分配　　B．实收资本
C．盈余公积　　D．本年利润

17．企业在接受投资时，新加入的投资者投入的资本大于其按投资比例计算的出资额的部分，应记入（　　）。

A．盈余公积　　B．资本公积
C．其他应付款　　D．实收资本

18．因汇率变动而发生的投入资本折算差额，应当记入（　　）。

A．资本公积　　B．财务费用
C．当期损益　　D．汇兑损失

19．某企业年初盈余公积余额为 500 万元，本年提取法定盈余公积 200 万元，提取法定公益金 100 万元，用盈余公积转增资本 300 万元，该企业盈余公积的年末余额为（　　）。

A．450 万元　　B．500 万元
C．550 万元　　D．600 万元

20．用盈余公积弥补亏损应贷记（　　）。

A．本年利润　　B．利润分配—盈余公积补亏

C．利润分配—提取盈余公积　　　　D．盈余公积

二、业务题

1．甲公司为增值税一般纳税人，由A、B、C三位股东于2012年12月31日共同出资设立，注册资本800万元。出资协议规定A、B、C三位股东的出资比例分别为40%，35%和25%。有关资料如下：（1）2012年12月31日三位股东的出资方式及出资额如下表所示（各位股东的出资已全部到位，并经中国注册会计师验证，有关法律手续已经办妥）。

出资者	货币资金	实物资产	无形资产	合计
A	270		50（专利全）	320
B	130	150（设备）		280
C	170	30（轿车）		200
合计	570	180	50	800

（2）2013年甲公司实现净利润400万元，决定分配现金股利100万元，计划在2014年2月10日支付。

（3）2014年12月31日，吸收D股东加入本公司，将甲公司注册资本由原800万元增到1000万元。D股东以银行存款100万元、原材料58.5万元（增值税专用发票中注明材料计税价格为50万元，增值税8.5万元）出资，占增资后注册资本10%的股份；其余的100万元增资由A、B、C三位股东按原持股比例以银行存款出资。2014年12月31日，四位股东的出资已全部到位，并取得D股东开出的增值税专用发票，有关法律手续已经办妥。

要求：（1）编制甲公司2012年12月31日收到投资者投入资本的会计分录（“实收资本”要求写出明细科目）。

（2）编制甲公司2013年决定分配现金股利的会计分录（“应付股利”科目要求写出明细科目）。

（3）计算甲公司2014年12月31日吸收D股东出资时产生的资本公积。

（4）编制甲公司 2014 年 12 月 31 日收到 A、B、C 股东追加投资和 D 股东出资的会计分录。

（5）计算甲公司 2014 年 12 月 31 日增资扩股后各股东的持股比例。（单位用万元表示）

2．甲有限责任公司 2014 年发生如下经济业务。

（1）企业收到国家 1 000 000 元的货币资金投资，款项已存入银行；

（2）公司 2014 年全年实现的税后利润为 3 000 000 元，根据股东大会决定，分别按 10%、5%的比例提取法定盈余公积和任意盈余公积；

（3）经股东大会决定，用法定盈余公积弥补以前年度超过 5 年的亏损 360 000 元；

（4）经股东大会同意，将法定盈余公积 200 000 元用于转增资本；

（5）2014 年年末，将“本年利润”账户的余额和“利润分配”账户中除“未分配利润”外的其他各明细账的余额转入“利润分配——未分配利润”明细账户。公司 2014 年年初未分配利润为 40 000 元，2014 年实现税后利润 3 000 000 元，提取法定盈余公积 300 000 元，提取任意盈余公积 150 000 元，应付利润 1 200 000 元。

要求：（1）根据以上经济业务编制会计分录。

（2）计算 2014 年年末的未分配利润。

第八章

收入、费用和利润

考纲要求

1．了解收入的分类和范围。

2．理解收入和劳务收入的确认与计量。

3．掌握主营业务收入以及销售折扣、折让与销售退回的核算。

4．掌握代销商品、分期收款销售商品和材料转让的核算。

5．掌握劳务收入和让渡资产使用权收入的核算。

6．理解产品成本计算的程序与基本方法。

7．掌握期间费用的内容和核算。

8．掌握制造费用和生产成本的归集与分配。

9．理解营业外收支的主要内容及核算。

10．掌握利润形成、所得税费用、利润分配和年终结转的核算。

考纲分析

1．该项目内容知识难度高，主要考查利润形成与利润分配的综合运用题，一直是高考题中的重点与难点。

2．近几年高考试题中主要以业务题为主。2011 年考查过一个综合业务题，2014、2015 年考查过业务题。

第一节　收入

知识清单

1．收入概述。

知识点解析

深刻理解收入的概述与核算，主要考查收入的核算。

收入是指企业在日常活动中所形成的、会导致所有者权益增加的、与所有者投入资本无关的经济利益的总流入。

（1）收入是指____。

（2）收入特征包括____。

（3）收入按其形成来源可分为__________________________________。

（4）收入按企业经营业务的主次可分为__________________________。

（5）商品销售收入的确认条件包括______________________________。

（6）销售商品的收入应按________________________________确定。

（7）让渡资产使用权收入的确认条件为__________________________。

（8）利息收入应按____________________________________确定。

（9）使用费收入，应按________________________________确定。

2．商品销售收入。

（1）确认产品销售收入，款项未收的会计分录为：__________________。

（2）结转已销产品成本的会计分录：____________________________。

（3）企业为了促进商品销售或为鼓励购货方尽快付款而给予的价格或债务扣除指的是______________________。

（4）债权人为了鼓励债务人在规定期限内付款，而向债务人提供的债务扣除指的是______________________。

（5）现金折扣实际发生时记入______________________。

（6）企业售出的商品由于质量不合格或规格与合同不符等原因而在售价上给予的减让是指______________________。

（7）销售折让在实际发生时______________________。

3．劳务收入。

（1）在同一会计年度内开始并完成的劳务，应在______________确认收入，收入金额为______________，确认方法可参照商品销售收入的确认原则。

（2）如果劳务的开始和完成分属不同的会计年度，且在资产负债表日对该项交易的结果能够可靠估计的，应按____________确认收入。

（3）劳务的计量条件为______________________。

（4）确认劳务收入的会计分录为______________________。

4．让渡资产使用权收入一般作为________________处理。

经典例题解析

一、单选题

【例 1】下列行为中，可能要通过“财务费用”账户进行核算的是（　　）。

A．商业折扣行为　　B．现金折扣行为

C．销售退回行为　　D．销售折让行为

【答案】B

【解析】本题主要考查现金折扣。商业折扣在销售时即已发生，所以在企业销售实现时，只需按扣除商业折扣后的净额确认销售收入，不需另做账务处理。现金折扣通常在赊销业务中发生，故现金折扣在商品销售后发生，企业在确认销售收入时不能同时确定相关的现金，现金折扣在发生后计入“财务费用”。

【例 2】某公司 2010 年 6 月份增加银行存款 80 000 元，其中：出售商品的收入 40 000 元，增值税 6800 元，取得接受捐赠的收入 20 200 元，罚没收入 3000 元，出租包装物取得的租金收入 10 000 元，则该月符合企业会计准则收入定义的金额总和为（　　）。

A．80 000 元　　B．50 000 元　　C．73 200 元　　D．53 000 元

【答案】B

【解析】本题主要考查收入的概念及分类。收入按其形成来源不同可分为商品销售收入、提供劳务收入、让渡资产使用权收入，按企业经营业务的主次不同可分为主营业务收入和其他业务收入。而接受捐赠的收入、罚没收入记入营业外收入，不属于收入，该月符合企业会计准则收入定义的金额总和＝40 000+10 000＝50 000 元

【例 3】在采用收取手续费的方式进行代销商品时，受托方在销售受托代销商品后确认的收入金额为（　　）。

A．销售商品的价款与增值税之和　　B．销售商品的价款与手续费之和

C．销售商品的价款　　D．应收取的手续费

【答案】D

【解析】本题主要考查受托代销商品。收取手续费方式是指受托方根据的代销的商品销售向委托方收取手续费的方式，采用该方式，对于受托方来说，手续费收入实际上是一种劳务收入。

二、业务题

【例 1】某企业为增值税一般纳税人，2007 年 12 月发生下列业务。

（1）销售材料一批，价款共计 80 000 元，增值税 13 600 元，收到转账支票一张送存银行；

（2）销售给甲公司的 100 件商品，因发货错误该产品被退回，货款尚未收到，单位售价 3000 元，款项共计 300 000 元，增值税 51 000 元，单位成本 2000 元；

（3）销售给乙企业 B 产品 50 件，专用发票注明单位售价 4000 元，价款共计 200 000 元，增值税 34 000 元，开出转账支票一张，代垫运杂费 8000 元，单位成本 2000 元。

（4）销售给乙公司的 B 产品到货后，乙公司发现质量不合格，经协商在价格上给予 10% 的折让，相关部门开具的索取折让证明，并开具红字专用发票。

要求：作出相关的会计分录。

【答案】

（1）借：银行存款　　93 600

　　贷：其他业务收入　　80 000

　　　　应交税费——应交增值税（销项税额）　　13 600

（2）借：主营业务收入　　300 000

　　　　应交税费——应交增值税（销项税额）　　51 000

贷：应收账款 351 000

借：库存商品 200 000

贷：主营业务成本 200 000

（3）借：应收账款 242 000

贷：主营业务收入 200 000

应交税费——应交增值税（销项税额） 34 000

银行存款 8000

借：主营业务成本 100 000

贷：库存商品 100 000

（4）借：主营业务收入 20 000

应交税费——应交增值税（销项税额） 3400

贷：应收账款 23 400

【解析】本题主要考查销售退回与折让的核算。销售折让可能发生销售收入确认之前，也可能发生在销售收入确认之后，发生在销售收入确认之前的折让，其会计处理与商业折扣相同，发生在销售收入确认之后的折让，应在实际发生时冲减当期的收入。企业销售收入未确认即发生销售退回的，不进行账务处理，企业销售收入确认后又发生销售退回的，不论是本年度销售的，还是以前年度销售的，通常均减退回当月的销售收入。

【例 2】宏图公司的部分商品委托其他单位销售，2009 年 3 月发生如下业务。

（1）3 月 5 日委托兴鲁公司代销 B 商品 200 件，销售价（不含税）为 300 元/件，实际成本为 200 元/件。

（2）3 月 20 日宏图公司收到代销清单，委托的 200 件 B 商品已全部售出。

（3）3 月 22 日是根据委托合同，兴鲁公司按不含税销售额 10%收取代销手续费，并向本公司结清代销款，款项已存入银行。

（4）3 月 31 日结转委托代销商品的销售成本。

要求：根据以上经济业务编制宏图公司有关的会计分录。（两公司均为增值税一般纳税人，增值税税率为 17%）

【答案】

（1）借：委托代销商品 40 000

贷：库存商品 40 000

（2）借：应收账款 70 200

贷：主营业务收入 60 000

应交税费——应交增值税（销项税额） 10 200

（3）借：销售费用 6000

贷：应收账款 6000

借：银行存款　64 200

　贷：应收账款　64 200

（4）借：主营业务成本　40 000

　贷：委托代销商品　40 000

【解析】本题主要考查委托代销商品的核算。收取手续费方式是指受托方根据的代销的商品销售向委托方收取手续费的方式，采用该方式，对于受托方来说，手续费收入实际上是一种劳务收入。委托方在收到代销清单时确认收入。

【例 3】华强公司为增值税一般纳税人，2009 年 10 月与华瑞公司签订了一份委托代销商品协议，采用买断方式，受托方将委托代销的商品（甲商品）售出并向委托方开具代销清单后，委托方向受托方开具增值税专用发票，并按代销清单收回货款，增值税税率均为 17%，有关资料如下。

（1）2009 年 10 月 10 日，华强公司按协议发给华瑞公司甲商品 500 件，协议约定价为每件 250 元（不含税），甲商品的生产成本为每件 150 元。

（2）至 2009 年 10 月 31 日，华瑞公司共卖出甲商品 300 件，单位售价为 351 元（含增值税），价款已收存银行，未向华强公司开具代销清单。

（3）至 2009 年 11 月 20 日，华瑞公司将剩余 200 件甲商品全部卖出，单位售价仍为 351（含增值税），价款已收存银行，未向华强公司开具代销清单。

（4）2009 年 11 月 21 日，华瑞公司向华强公司开具了全部 500 件甲商品的代销清单，华强公司随即向华瑞公司开具了增值税专用发票，注明价款 125 000 元，增值税额 21 250 元。

（5）2009 年 11 月 25 日，按照协议华瑞公司将 500 件甲商品的价税款划转到华强公司的银行账户中。

要求：（1）做出华强公司相关的会计分录。

（2）做出华瑞公司相关的会计分录。

【答案】（1）华强公司：

借：发出商品　75 000

　贷：库存商品　75 000

借：应收账款　146 250

　贷：主营业务收入　125 000

　　应交税费——应交增值税（销项税）　21 250

借：主营业务成本　75 000

　贷：发出商品　75 000

借：银行存款　146 250

　贷：应收账款　146 250

（2）华瑞公司：

借：受托代销商品　125 000

贷：受托代销商品款　125 000

借：银行存款　105 300

贷：主营业务收入　90 000

应交税费——应交增值税（销项税）　15 300

借：主营业务成本　75 000

贷：受托代销商品　75 000

借：受托代销商品款　125 000

应交税费——应交增值税（进项税）　21 250

贷：应付账款　146 250

借：应付账款　146 250

贷：银行存款　146 250

借：银行存款　70 200

贷：主营业务收入　60 000

应交税费——应交增值税（销项税）　10 200

借：主营业务成本　50 000

贷：受托代销商品　50 000

【解析】本题主要考查委托代销商品的核算。视同买断方式是指由委托、受托双方签订协议，委托方按协议价收取所代销的货款，代销商品实际售价由受托方自定，实际售价与协议价之间的差额归受托方所有。采用这种方式销售商品，由于商品所有权上的风险及报酬并未转移给受托方，所以在交付商品时，委托方不能确认收入，受托方也不能作为商品购进处理。受托方在商品售出后，按实际售价确认收入并向委托方开具代销清单，委托方收到代销清单则可确认收入。

【例 4】凯杰公司和海滨公司均为增值税一般纳税人，增值税税率为 17%，2013 年 8 月凯杰公司（代销业务为主营业务）受海滨公司委托代销乙商品 400 件，协议约定为每件售价 560 元，乙商品成本为每件 300 元。协议约定凯杰公司按售价的 10%收取手续费。月末，凯杰公司向海滨公司开具代销清单，注明本月已售 300 件，海滨公司收到代销清单后开具了增值税专用发票，同时以银行存款支付货款并扣收代销手续费。

要求：根据以上经济业务，编制会计分录。

【答案】

借：受托代销商品　224 000

贷：受托代销商品款　224 000

借：银行存款　196 560

贷：应付账款　168 000

应交税费——应交增值税（销项税）　28 560

借：应交税费——应交增值税（进项税）　28 560
　贷：应付账款　28 560
借：受托代销商品款　168 000
　贷：受托代销商品　168 000
借：应付账款　196 560
　贷：银行存款　179 760
　　主营业务收入　16 800

【解析】本题主要考查委托代销商品的核算。收取手续费方式是指受托方根据的代销的商品销售向委托方收取手续费的方式，采用该方式，对于受托方来说，手续费收入实际上是一种劳务收入。委托方在收到代销清单时确认收入。

课堂练习

一、单选题

1．企业销售商品发生的销售折让应在实际发生时（　　）。

A．增加收入　　B．冲减销售收入

C．增加销售成本　　D．冲减销售成本

2．企业销售商品发生的现金折扣在实际发生时增加（　　）。

A．销售费用　　B．管理费用

C．财务费用　　D．销售成本

3．下列不属于其他业务收入的是（　　）。

A．处置固定资产净收益　　B．出租固定资产收入

C．材料销售收入　　D．无形资产出租收入

4．以下所产生的收益应确认为收入的是（　　）。

A．收取违约罚款　　B．固定资产清理净收益

C．接受捐赠　　D．销售材料

5．转让材料成本应计入（　　）。

A．其他业务成本　　B．营业外支出

C．主营业务成本　　D．销售费用

6．甲企业赊销商品一批，价款 10 000 元，增值税 1700 元，现金折扣条件为 2/10，1/20，n/30。购货方于第 10 天付款（现金折扣不考虑增值税），则该企业应确认的收入为（　　）。

A．10 000 元　　B．10 530 元

C．10 700 元　　D．11 700 元

7．企业确认商品销售收入时，是否要考虑将来预计可能发生的现金折扣和销售折让，表述正确的是（　　）。

A．只考虑现金折扣不考虑销售折让　　B．只考虑销售折让不考虑现金折扣

C．现金折扣和销售折让都要考虑　　D．现金折扣和销售折让都不需要考虑

8．让渡资产使用权收入记入（　　）。

A．主营业务收入　　B．其他业务收入

C．投资收益　　D．营业外收入

9．如果企业在 1 月 6 日销售商品 1000 件，单价 20 元，给予 10%的商业折扣，增值税率 17%，代垫运杂费 200 元，代垫包装费 300 元，付款条件为 2/10，1/20，n/30，且客户已于 2 月 5 日付款，按现行制度规定，企业在 1 月 6 日应贷记“主营业务收入”（　　）。

A．18 000 元　　B．18 130 元

C．18 315 元　　D．18 500 元

10．某企业销售产品每件 120 元，若客户购买 100 件（含 100 件）以上可得到 20 元的商业折扣。某客户 2014 年 12 月 10 日购买该企业产品 100 件，按规定现金折扣条件为“2/10，1/20，n/30”。适用的增值税率为 17%。该企业于 12 月 29 日收到该笔款项时，应给予客户的现金折扣为（　　）元（假定计算现金折扣时不考虑增值税）。

A．0　　B．100

C．117　　D．1100

11．下列各项中，可采用完工百分比法确认收入的是（　　）。

A．分期收款销售商品

B．委托代销商品

C．在同一会计年度开始并完成的劳务

D．跨越一个会计年度才能完成的劳务

12．某企业 2014 年主营业务收入贷方发生额是 2000 万元，借方发生额为 50 万元，发生现金折扣 50 万元，其他业务收入贷方发生额 100 万元，其他业务成本借方发生额为 80 万元，那么企业利润表中“营业收入”项目填列的金额为（　　）。

A．2000 万元　　B．2050 万元

C．2100 万元　　D．2070 万元

13．在采用收取手续费方式委托代销商品时，委托方确认商品销售收入的时点为（　　）。

A．委托方发出商品时

B．受托方销售商品时

C．委托方收到受托方开具的代销清单时

D．受托方收到受托代清商品的销售货款时

14．企业对于已经发出但尚未确认销售收入的商品成本，应借记（　　）。

A．其他业务成本　　B．库存商品

C．主营业务成本　　D．发出商品

15．某企业转让商标使用权时应计提的摊销额借记（　　）。

A．管理费用　　B．销售费用

C．其他业务成本　　D．资产减值损失

二、业务题

1. 甲公司 2013 年 3 月 1 日与客户签订一项工期为一年的劳务供应合同。合同总收入 100 000 元，预计合同总成本为 80 000 元。至 2013 年 12 月 31 日，实际发生成本 64 000 元（均以存款支付）；一次性收到客户支付的劳务款 75 000 元。甲公司按实际发生的成本占预计总成本的百分比确定劳务完成程度。

要求：（1）计算 2013 年 12 月 31 日的劳务完成程度及 2013 年应确认的劳务收入。

（2）编制发生劳务成本、收到劳务款、确认 2013 年劳务收入和劳务费用的会计分录。

2. 某公司为一般纳税人，增值税税率为 17%，售价均为不含税价格。2014 年 6 月发生如下经济业务。

（1）向长江公司销售甲产品 50 件，单价 1000 元，增值税 8500 元，收到 2 个月期限的银行承兑汇票一张。

（2）采用赊销方式向阳光公司销售乙产品 30 件，单价 600 元，增值税 3060 元，付款条件为 2/10，1/20，n/30。

（3）采用托收承付方式向海尔集团销售丙产品 100 件，单价 100 元，增值税 1700 元。用银行存款代垫运杂费 500 元，已办妥托收手续。

（4）向星河公司销售一批产品，标价为 100 000 元（不含增值税），因购买量大，公司给予购货方 5%的商业折扣，收到一张银行汇票存入银行。

（5）大华公司因产品质量问题退回上月销售的甲产品 10 件，价款 10 000 元。公司收到退货入库，实际成本 7600 元，签发一张转账支票支付退货款。

（6）海尔集团发现所购丙产品外观出现质量问题，要求公司给予 10%的销售折让，公司同意了这一要求。

（7）10 天内收到阳光公司支付的乙产品款项，存入银行。

（8）向大中公司出售一批企业不需用的原材料，售价 30 000 元，货款尚未收到。该材料的实际采购成本 22 000 元。

（9）销售商品领用不单独计价的包装物一批，实际成本 2000 元。

要求：根据上述业务编制相关的会计分录（应收账款列出明细）。

3. 2014 年甲公司委托丙公司代销 C 商品一批，并将该产品交付丙公司。代销合同规定甲公司按售价的 10%向丙公司支付手续费，该产品销售价款为 120 000 元，产品销售成本为 66 000 元。2 个月后甲公司收到代销清单。丙公司已全部售出，款项尚未支付给甲公司，甲公司收清单时向丙公司开具增值税专用发票，并按合同确认应向丙公司支付的代销手续费。

要求：做出甲公司相关会计分录。

第二节 费用

知识清单

1．费用的概述

（1）费用是指________________________________。

（2）费用的特征为：________________________。

（3）费用的确认条件为：____________________。

知识点解析

深刻理解费用的概念与内容，掌握费用的核算与分配。

费用是指企业在日常活动中所形成的、会导致所有者权益减少的、与所有者分配利润无关的经济利益的总流出。

2．产品成本计算的基本方法按成本计算对象的不同，可以分为三种：____。

3．期间费用包括______________________________。

4．结转制造费用的会计分录为____________________。

5．生产成本的归集与分配

（1）辅助生产费用分配的方法有。

（2）____________是指分配辅助生产费用时，不考虑各辅助生产车间之间相互提供产品（或劳务）的情况，而是将各种辅助生产费用分配给辅助生产以外的各受益单位。

（3）月初在产品成本、本月生产费用、本月完工产品成本、月末在产品成本之间的关系为：______________________________。

（4）生产费用在完工产品与期末在产品之间的分配方法为：____________________

____。

（5）________________适用于各月末在产品数量很少的产品。

（6）________________适用于各月末在产品数量较小或虽数量较大，但各月末在产品成本相差不多的产品。

（7）约当产量法是指________________________________。

（8）约当产量法适用于______________________________。

经典例题解析

一、单选题

【例 1】某产品经过两道工序生产完工，材料在每一工序开工时一次投入，该产品材料消耗定额为 10 千克，其中一二工序材料消耗量定额为 4 千克、6 千克。月末在产品产量为 300 件，其中一二工序分别为 200 件、100 件，则月末在产品的约当产量为（　　）。

A．180 件　　B．200 件　　C．250 件　　D．300 件

【答案】A

【解析】本题主要考查约当产量。材料在每一工序开工时一次投入，确认各工序在产品完工程度＝各项费用分配率＝$\frac{\text{前面各工序材料定额之和+本工序材料定额}}{\text{单位产品材料定额}}$，月末在产品约当产量＝Σ（各工序在产品数量×各工序在产品完工程度）＝$\frac{4}{10}\times 200+\frac{10}{10}\times 100=180$（件）。

【例 2】某企业 2013 年 1 月份发生的有关费用为：计提折旧 22 万元，其中生产车间 12 万元，行政管理部门 10 万元，分配的工资薪酬金额为 100 万元，其中生产车间生产工人为 40 万元，车间管理人员为 10 万元，工程施工人员为 10 万元，行政人员为 20 万元，销售人员为 20 万元，支付广告费用 60 万元，计算的临时短期借款利息 30 万元，则该企业当月的期间费用总额是（　　）。

A．212 万元　　B．160 万元　　C．152 万元　　D．140 万元

【答案】D

【解析】本题主要考查期间费用的内容。期间费用包括销售费用、管理费用、财务费用。该企业当月的期间费用总额＝10+20+20+60+30＝140（万元）。

【例 3】某企业采用约当产量法计算完工产品和月末在产品的成本。甲产品需经过两道工序生产完工，该产品工时定额为 10 小时，其中第一、二工序的工时定额分别为 4 小时、6 小时，该产品本月月末在产品为 200 件，其中第一、二工序分别为 80 件、120 件，假设每道工序的完工程度均为 50%，那么计算分配加工费用的约当产量应为（　　）。

A．100 件　　B．120 件　　C．152 件　　D．200 件

【答案】A

【解析】本题主要考查约当产量法。确认各工序在产品完工程度＝各项费用分配率＝$\frac{\text{前面各工序工时定额之和+本工序工时定额}}{\text{单位产品工时定额}\times 50\%}$，月末在产品约当产量＝Σ（各工序在产品数

量 × 各工序在产品完工程度）$=\frac{4\times 50\%}{10}\times 200+\frac{4+6\times 50\%}{10}\times 100=100$（件）。

二、计算题

【例 1】宏润公司生产的甲产品由两道工序制成。原材料生产开始一次投入，各工序费用发生比较均衡。各生产工序定额工时为：第一工序工时定额 280 小时，月末在产品数量 3200 件，第二工序工时定额 220 小时，月末在产品数量 2400 件，完工产品产量 8400 件，月初在产品成本和本月发生的生产费用合计 587 520 元，其中：直接材料 420 000 元，直接人工 55 840 元，制造费用 111 680 元。

要求：（1）分别计算两道工序按工时定额表示的在产品完工率和在产品约当产量，填入表 1。

（2）按约当产量比例法计算本月完工产品成本和在产品成本，填入表 2。

【答案】

表 1　各工序的完工率和约当产量计算表

工序	工时定额	完工率	在产品数量	约当产量
第一工序	280	28%	3200	896
第二工序	220	78%	2400	1872
合计	500	—	5600	2768

表 2　产品成本计算单（约当产量法）

摘要	直接材料	直接人工	制造费用	合计
月初在产品成本与本月生产费用合计	420 000	55 840	111 680	587 520
完工产品产量与在产品约当产量合计	14 000	11 168	11 168	—
分配率	30	5	10	45
完工产品成本	252 000	42 000	84 000	378 000
月末在产品成本（第一工序）	96 000	4480	8960	109 440
月末在产品成本（第二工序）	72 000	9360	18 720	100 080
月末在产品成本合计	168 000	13 840	27 680	209 520

【解析】本题主要考查约当产量法。原材料在生产开工时一次投入，则完工程度为 100%，即月末在产品的约当产量就等于月末在产品数量。确认各工序在产品完工程度 = 各项费用分配率 $=\frac{\text{前面各工序工时定额之和}+\text{本工序工时定额}}{\text{单位产品工时定额}\times 50\%}$，月末在产品约当产量 = Σ（各工序在产品数量 × 各工序在产品完工程度），完工产品费用=完工产品数量 × 各项费用分配率，月末在产品费用=月末在产品约当产量 × 各项费用分配率。

【例 2】惠能公司有一个基本生产车间，生产甲、乙两种产品，材料和产品按实际成本计价。2015年9月初无在产品，本月发生的有关甲、乙两种产品的经济业务如下。

（1）材料仓库发出材料的实际成本共计 900 000 元。其中，生产甲产品领用 500 000 元，生产乙产品领用 300 000 元，基本生产车间一般耗用 60 000 元，行政管理部门一般耗用 40 000 元。

（2）以银行存款支付本月电费 125 000 元。其中，生产甲产品和乙产品共同耗用的电费 100 000 元，（按机器工时进行分配，甲产品 6 000 小时，乙产品 4 000 小时），基本生产车间一般耗用 18 000 元，行政管理部门耗用 7 000 元。

（3）本月应付工资总额为 200 000 元。其中生产甲产品的工人工资 100 000 元，生产乙产品的工人工资 60 000 元，基本生产车间管理人员工资 25 000 元，行政管理人员工资 15 000 元。

（4）计提固定资产折旧 80 000 元。其中，基本生产车间 50 000 元，行政管理部门 30 000 元。

（5）以银行存款支付其他相关费用共计 12 000 元。其中，基本生产车间 7 000 元，行政管理部门 5 000 元。

（6）归集制造费用，按生产工人的工资进行分配。

（7）结转本月完工产品成本。其中，甲产品全部完工。产量为 5 000 台，乙产品全部未完工。

要求：根据以上经济业务，编制惠能公司有关生产的会计分录。

【答案】

（1）借：生产成本——甲产品　　500 000

　　　　　　　　——乙产品　　300 000

　　　　制造费用　　60 000

　　　　管理费用　　40 000

　　　　贷：原材料　　900 000

（2）借：生产成本——甲产品　　60 000

　　　　　　　　——乙产品　　40 000

　　　　制造费用　　18 000

　　　　管理费用　　7 000

　　　　贷：银行存款　　125 000

（3）借：生产成本——甲产品　　100 000

　　　　　　——乙产品　　60 000

　　　　制造费用　　25 000

　　　　管理费用　　15 000

　　　　贷：应付职工薪酬　　200 000

（4）借：制造费用　　50 000

管理费用　　30 000

贷：累计折旧　　80 000

（5）借：制造费用　　7 000

管理费用　　5 000

贷：银行存款　　12 000

（6）借：生产成本——甲产品　　100 000

——乙产品　　60 000

贷：制造费用　　160 000

（7）借：库存商品——甲产品　　760 000

贷：生产成本——甲产品　　760 000

【解析】本题为2016年春考试题，主要考查了生产成本的归集与分配，难度不大，但是考核面较广。

课堂练习

一、单选题

1．以下不属于财务费用核算项目的是（　　）。

A．利息支出　　B．汇兑损失

C．支付印花税　　D．银行承兑汇票支付的手续费

2．企业在销售过程中发生的运杂费应计入（　　）。

A．制造费用　　B．生产成本

C．管理费用　　D．销售费用

3．下列项目中不属于管理费用的是（　　）。

A．劳动保险费　　B．董事会会费

C．房产税　　D．销售机构人员福利费

4．某企业2014年3月份发生的费用有：计提车间用固定资产折旧10万元，发生车间管理人员工资40万元，支付广告费用30万元，预提短期借款利息20万元，支付劳动保险费10万元。则该企业当期的费用总额为（　　）。

A．50万元　　B．60万元

C．100万元　　D．110万元

5．甲产品需经二道工序生产完工，甲产品的材料消耗定额为10千克，其中第一、二工序的材料消耗量定额分别为4千克和6千克，材料分工序陆续投入，且投料程度与加工进度不一致。则甲在产品第二工序的完工进度为（　　）。

A．20%　　B．50%

C．70%　　D．100%

6．不属于期间费用的项目是（　　）。

A．董事会费　　B．劳动保险费
C．销售人员工资　　D．车间管理人员工资

7．（　　）适用于各月末在产品数量较多，变化较大，且各项生产费用在成本中所占比重相差不多的产品。

A．在产品不计算成本法　　B．约当产量法
C．在产品成本按年初数固定计算法　　D．直接分配法

8．关于销售费用账户，表述不正确的是（　　）。

A．属于损益类账户
B．借方登记本期发生的各项销售费用
C．贷方登记期末结转“本年利润”的销售费用
D．期末借方余额表示尚未结转的销售费用

9．不应计入销售费用的支出有（　　）。

A．广告费和展览费　　B．销售商品发生的代垫运输费
C．销售商品发生的运输费　　D．售后服务网点工作人员的工资

10．下列项目中不属于销售费用的是（　　）。

A．展览费　　B．劳动保险费
C．销售过程中的运输费　　D．销售机构发生的折旧

11．辅助生产费用的分配方法不包括（　　）。

A．直接分配法　　B．交互分配法
C．顺序分配法　　D．定额工时法

12．生产费用在完工产品与期末在产品之间的分配方法不包括（　　）。

A．按耗用原材料的费用计算法　　B．在产品成本按定额成本计算法
C．按年初数固定计算法　　D．按生产工人工时计算法

13．以现金支付离退休人员工资，应借记（　　）。

A．销售费用　　B．应付职工薪酬
C．管理费用　　D．营业外支出

14．某企业“生产成本”科目的期初余额为 20 万元，本期为生产产品发生直接材料费用 60 万元，直接人工费用 10 万元，制造费用 15 万元，企业行政管理费用 10 万元，本期结转完工产品成本为 80 万元，假定该企业只生产一种产品，期末“生产成本”的余额为（　　）。

A．15 万元　　B．35 万元
C．5 万元　　D．25 万元

15．某公司于 2014 年 10 月 2 日接受一项产品安装任务，安装期为 7 个月，合同总收入为 200 万元（不考虑增值税），至年底已预收款 150 万元，已实际发生成本 66.42 万元，估计还会发生成本 56.58 元，采用已发生成本占预计总成本比例计算完工程度，该合同 2014 年度该业务应确认的收入为（　　）。

A．150 万元　　B．108 万元
C．66.42 万元　　D．56.58 万元

二、计算题

东方公司生产A产品，按约当产量法计算完工产品和月末在产品的成本。A产品月初在产品80件，本月投产1120件，月末在产品150件。A产品在生产开始时一次投入原材料，月末在产品的加工程度为50%。月初在产品成本18 000元，其中：直接材料9200元，直接人工4500元，制造费用4300元。本月发生费用中：直接材料122 800元，直接人工77 625元，制造费用62 075元。

要求：（1）计算A产品的完工产品成本和期末在产品成本。

（2）填制A产品的成本计算单。

产品成本计算单

产品名称：A产品　　　　单位：元

成本项目	月初在产品费用	本月费用	合计	完工产品费用		月末在产品费用
				总成本	单位成本	
直接材料						
直接人工						
制造费用						
合计						

三、业务题

甲公司设有运输和修理两个辅助生产车间，采用直接分配法分配辅助生产成本。运输车间的成本按运输公里比例分配，修理车间的成本按修理工时比例分配。该公司2014年2月有关辅助生产成本资料如下。

（1）运输车间本月共发生成本22 500元，提供运输劳务5000公里；修理车间本月共发生成本24 000元，提供修理劳务640工时。

（2）运输车间耗用修理车间劳务40工时，修理车间耗用运输车间劳务500公里。

（3）基本生产车间耗用运输车间劳务2550公里，耗用修理车间劳务320工时；

（4）行政管理部门耗用运输车间劳务1150公里，耗用修理车间劳务220工时；

（5）专设销售部门耗用运输劳务800公里，耗用修理车间劳务60工时。

要求：（1）编制甲公司的辅助生产成本分配表。

（2）编制甲公司辅助生产成本分配的会计分录。

（“生产成本”科目要求写出明细科目，答案中的金额单位用元表示，保留四位小数）。（10分）

受益单位	耗用运输劳务（公里）	耗用修理劳务（工时）
基本生产车间		
辅助生产车间——运输车间		
辅助生产车间——修理车间		
行政管理车间		
专设销售部门		
合计		

辅助生产成本分配表（直接分配法）

项目		运输车间	修理车间	合计
待分配辅助生产费用（元）				
辅助车间以外的劳务数量				
单位成本（分配率）				
基本生产车间	耗用量			
	分配金额			
行政管理车间	耗用量			
	分配金额			
专设销售部门	耗用量			
	分配金额			
合计				

知识清单

第三节 利润

1．利润的概述。

（1）利润是指______________________________。

（2）营业利润＝____________________________。

（3）利润总额＝____________________________。

（4）净利润＝______________________________。

知识点解析

深刻理解利润的概念与内容。掌握利润的计算。

利润是指企业在一定会计期间的经营成果。

2．营业外收入。

（1）营业外收入是指________________________。

（2）营业外收入内容：______________________。

3．营业外支出。

（1）营业外支出是指______________________________。

（2）营业外支出的内容包括：______________________。

4．结转损益类账户。

结转损益类账户的会计分录为：______________________________。

5．所得税费用。

（1）应纳税所得额＝______________________________。

（2）当期应交所得税＝____________________________。

（3）计算所得税费用的会计分录：______________________。

（4）结转所得税费用的会计分录：______________________。

6．利润的分配。

（1）可供分配的利润＝______________________。

（2）可供分配利润的顺序为：______________________。

经典例题解析

一、单选题

【例 1】因违规操作而被税务机关罚款交纳的款项应计入（　　）。

A．其他业务成本　　B．管理费用

C．财务费用　　D．营业外支出

【答案】D

【解析】本题主要考查营业外支出。营业外支出是指企业发生的与其生产经营无直接关系的各项损失，主要包括非流动资产处置损失、盘亏损失、罚款支出、公益性捐赠支出、非常损失。

【例 2】企业在利润分配时，其税后利润应优先（　　）。

A．提取法定盈余公积　　B．弥补以前年度的亏损

C．提取法定公益金　　D．向投资者分配利润

【答案】B

【解析】本题主要考查利润的分配。以企业当年实现的净利润，加上年初未分配利润（或减去去年未弥补亏损）和其他转入后的余额，即可得到可供分配利润。因此企业在利润分配时，其税后利润应优先弥补以前年度的亏损。

【例 3】下列项目中，不属于营业外收入核算内容的是（　　）。

A．收到的出租包装物的租金

B．收到对方单位的违约金

C．无法支付的应付账款

D．无法查明原因的现金账款

【答案】A

【解析】本题主要考查营业外收入。营业外收入是指企业发生的与其日常生产经营活动无直接关系的各项利得，主要包括非流动资产处置利得、盘盈利得、捐赠利得、确实无法支付而应按规定程序经批准后转作营业外收入的应付款项等。

【例 4】某企业年初“利润分配——未分配利润”的贷方余额为 200 万元，本年度实现的净利润为 300 万元，根据要求按 10%计提法定盈余公积。假设不考虑其他因素影响，本年度应计提的法定盈余公积为（　　）。

A．50 万元　　B．20 万元　　C．30 万元　　D．10 万元

【答案】C

【解析】本题主要考查盈余公积的提取比例。盈余公积按净利润的 10%提取，因此假设不

考虑其他因素影响，本年度应计提的法定盈余公积＝300×10%=30。

二、业务题

【例】大华公司成立于2010年5月，2013年年初“利润分配——未分配利润”借方余额580 000元，2013年12月有关损益类账户累计发生额如下表所示。

账户名称	借方发生额	账户名称	贷方发生额
主营业务成本	12 928 000	主营业务收入	16 860 000
其他业务成本	260 000	其他业务收入	400 000
营业税金及附加	360 000	投资收益	120 000
销售费用	250 000	营业外收入	230 000
管理费用	180 000		
财务费用	120 000		
营业外支出	232 000		
合计	14 330 000	合计	17 610 000

其中，投资收益中含国债利息收入 50 000 元，营业外支出中含被环保部门罚款支出40 000 元，超过规定标准的捐赠支出 62 000 元，所得税税率为 25%，假定不考虑其他因素的影响。该公司按税后利润的10%提取法定盈余公积，向投资者分配现金股利724 320元。

要求：（1）编制提取并结转所得税费用的会计分录。

（2）编制提取法定盈余公积的会计分录。

（3）编制向投资者分配现金股利的会计分录。

（4）编制利润分配年终结转的会计分录。

【答案】（1）应纳税所得额＝17 610 000-14 330 000-50 000+40 000+62 000-580 000＝2 752 000（元）。

应纳所得税额＝2 752 000×25%＝688 000（元）。

借：所得税费用　　688 000

　　贷：应交税费——应交所得税　　688 000

借：本年利润　　688 000

　　贷：所得税费用　　688 000

（2）提取法定盈余公积＝（17 610 000-14 330 000-580 000-688 000）×10%=201 200（元）。

　　借：利润分配——提取法定盈余公积　　201 200

　　　　贷：盈余公积　　201 200

（3）借：利润分配——应付现金股利　　724 320

　　　　贷：应付股利　　724 320

（4）借：利润分配——未分配利润　　925 520

　　　　贷：利润分配——提取法定盈余公积　　201 200

——应付现金股利　　724 320

【解析】本题主要考查利润的形成与利润的分配。企业实现利润后，应按税法的规定计算交纳企业所得税，应纳税所得额 = 税前会计利润+纳税调整增加额 - 纳税调整减少额，当期应交所得税 = 应纳税所得额 × 所得税税率，按净利润提取法定盈余公积，分配现金股利，每年年度终于，企业应将本年收支相抵后得到的本年的净利润或本年发生亏损从“本年利润”账户转入“利润分配”。

课堂练习

一、单选题

1．某企业 2014 年度利润总额为 315 万元，其中国债利息收入为 15 万元，实际分配并发放工资为 230 万元。假定该企业无其他纳税项目，使适用的所得税率为 25%，该企业 2014 年所得税费用为（　　）。

A．78.75 万元　　B．75 万元

C．140 万元　　D．25 万元

2．期末不应结转到“本年利润”的有（　　）。

A．营业外收入　　B．营业外支出

C．投资收益　　D．营业利润

3．计算应交所得税时，属于纳税调整减少额的是（　　）。

A．超过税法规定标准的工资支出

B．超过税法规定标准的业务招待费支出

C．税收滞纳金

D．国债利息收入

4．年末结转后，可能有余额的账户是（　　）。

A．利润分配——提取法定盈余公积

B．本年利润

C．利润分配——其他转入

D．利润分配——未分配利润

5．营业外支出不包括（　　）。

A．非流动资产处置损失　　B．罚款支出

C．公益性捐赠支出　　D．出售材料成本

6．作为当期营业利润扣除的项目是（　　）。

A．增值税　　B．广告费

C．出售无形资产净损失　　D．罚款支出

7．某企业年初未分配利润为 30 万元，本年实现净利润为 200 万元，按 10%和 5%分别提取法定盈余公积和法定公益金。该企业可供分配的利润为（　　）。

A．200 万元　　B．255 万元

C．270 万元　　D．300 万元

8．以下属于营业外收入的是（　　）。

A．捐赠收入　　B．销售产品收入

C．转让材料收入　　D．提供劳务的收入

9．企业当年实现的利润弥补亏损时，应做的会计处理是（　　）。

A．借记“本年利润”科目，贷记“利润分配——未分配利润”

B．借记“利润分配——未分配利润”，贷记“本年利润”科目

C．借记“利润分配——未分配利润”，贷记“利润分配——未分配利润”

D．无需专门作会计处理

10．某企业 2013 年初亏损 100 万元，2013 年实现税前会计利润 600 万元，其中包括国债利息收入 50 万元，在营业外支出中税收滞纳金罚款 70 万元，所得税率 25%，则企业 2014 年的所得税费用为（　　）。

A．130 万元　　B．171.6 万元

C．155 万元　　D．520 万元

二、业务题

1．A 公司 2014 年初未分配利润贷方为 200 万元，2014 年度利润总额为 780 万元，营业收入 2400 万元，适用的所得税率为 25%。实际发生的业务招待费为 60 万元，取得国库券利息收入 100 万元，通过县民政局向灾区捐赠 100 万元。除此之外，不存在其他纳税调整事项。按税后利润的 10%和 5%提取法定盈余公积和任意盈余公积。按可供分配利润的 5%向投资者分配现金股利。

要求：（1）计算甲公司本期应纳税所得额及应交所得税额，并编制计提、结转所得税的会计分录；

（2）编制甲公司提取法定盈余公积和任意盈余公积的会计分录；

（3）编制甲公司向投资者宣告分配现金股利的会计分录；

（4）计算年末未分配利润。

2．甲股份有限公司（以下简称甲公司）为增值税一般纳税企业，其销售的产品为应纳增值税产品，适用的增值税税率为 17%，产品销售价款中均不含增值税额。甲公司适用的所得税税率为 25%。产品销售成本按经济业务逐项结转。2014 年度，甲公司发生如下经济业务事项。

（1）销售A产品一批，产品销售价款为800 000元，产品销售成本为350 000元。产品已经发出，并开具了增值税专用发票，同时向银行办妥了托收手续。

（2）收到乙公司因产品质量问题退回的B产品一批，并验收入库。甲公司用银行存款支付了退货款，并按规定向乙公司开具了红字增值税专用发票。该退货系甲公司2013年12月20日以提供现金折扣方式（折扣条件为：2/10，1/20，n/30，折扣仅限于销售价款部分）出售给乙公司的，产品销售价款为40 000元，产品销售成本为22 000元。销售款项于12月29日收到并存入银行（该项退货不属于资产负债表日后事项）。

（3）委托丙公司代销C产品一批，并将该批产品交付丙公司。代销合同规定甲公司按售价的10%向丙公司支付手续费，该批产品的销售价款为120 000元，产品销售成本为66 000元。

（4）甲公司收到了丙公司的代销清单。丙公司已将代销的C产品全部售出。款项尚未支付给甲公司。甲公司在收到代销清单时向丙公司开具了增值税专用发票，并按合同规定确认应向丙公司支付的代销手续费。

（5）用银行存款支付发生的管理费用67 800元，计提坏账准备4000元。

（6）销售产品应交的城市维护建设税为2100元，应交的教育费附加为900元。

（7）计算应交所得税（假定甲公司不存在纳税调整因素）。

（8）结转本年利润（甲公司年末一次性结转损益类科目）。

（9）按净利润的10%和5%分别提取法定盈余公积和公益金。

（10）按净利润的40%向投资者分配应付现金股利。

（11）结转利润分配各明细科目。

要求：编制相关的会计分录。

第九章

财务报表

考纲要求

1．掌握资产负债表的编制方法。

2．掌握利润表的编制方法。

考纲分析

1．该项目内容知识难度高，主要考查财务报表的编制方法。2014 年春季高考技能手工操作中作为考试的内容。

2．近几年高考试题中主要以单选题、计算题为主。2012 和 2013 年考查过业务题。2014 年在技能手工操作中考过填表题。

知识清单

1．资产负债表的编制方法。

知识点解析

深刻掌握资产负债表与利润表的编制。

（1）资产负债表是反映企业某一特定日期财务状况的会计报表。

（2）利润表是反映企业一定期间生产经营成果的会计报表。

①资产负债表“年初余额”栏内各项数字，应根据________________________。

②资产负债表“期末余额”各项目的内容和填列方法包括：____。

2．利润表的编制方法。

（1）利润表“本期金额”栏反映各项目的______________，如果上年度利润表与本年度利润表的项目名称和内容不相一致，应对____________进行调整，填入报表的__________。

（2）营业收入应根据____________________分析填列。

（3）营业成本应根据____________________分析填列。

知识点解析

（1）深刻理解长期借款的概念与内容、短期借款的利息。

（2）长期借款是指企业向银行或其他金融机构借入的期限在 1 年以上（不含 1 年）的各项借款。

长期借款包括：固定资产投资借款、更新改造借款、科研开发借款。

经典例题解析

一、单选题

【例 1】资产负债表项目中，应根据相应总账账户期末余额直接填列的是（　　）。

A．长期股权投资　　B．预付账款

C．实收资本　　D．在建工程

【答案】C

【解析】本题主要考查资产负债表的填列。长期股权投资 = 长期股权投资 - 股权减值准备；预付账款 = 预付账款明细账借方余额+应付账款明细账借方；在建工程 = 在建工程-在建工程减值准备。

【例 2】应付账款明细账如有借方余额，应将其计入资产负债表中的项目是（　　）。

A．应付账款　　B．应收账款　　C．预收账款　　D．预付账款

【答案】D

【解析】本题主要考查资产负债表的填列。应付账款明细账如有借方余额，应将其计入资产负债表中的预付账款项目的借方。

【例 3】下列项目中，不应在资产负债表“存货”项目中反映的是（　　）。

A．在途物资　　B．生产成本　　C．周转材料　　D．工程物资

【答案】D

【解析】本题主要考查资产负债表的填列。存货 = 在途物资+原材料+周转材料+库存商品+委托加工物资+生产成本 - 存货跌价准备。

【例 4】在编制资产负债表时，可以根据有关账户余额直接填列的项目是（　　）。

A．货币资金　　B．应付股利　　C．存货　　D．未分配利润

【答案】B

【解析】本题主要考查资产负债表的填列。在编制资产负债表时，可以根据有关账户余额直接填列的项目是应付股利。

【例 5】下列项目中，不会影响到营业利润大小的是（　　）。

A．其他业务收入　B．所得税费用　　C．资产减值损失　　D．投资净收益

【答案】B

【解析】本题主要考查利润的计算。所得税费用影响了净利润的计算，不会影响到营业利润大小。

【例 6】某企业 2010 年 11 月份部分账户余额为：原材料账户借方余额 300 000 元，在途物资账户借方余额 100 000 元，周转材料账户借方余额 60 000 元，库存商品账户借方余额为 240 000 元，工程物资账户借方余额 200 000 元，生产成本账户借方余额 50 000 元，存货跌价准备账户贷方余额 50 000 元，则反映在资产负债表中的存货项目金额是（　　）。

A．700 000 元　　B．750 000 元

C．900 000 元　　D．950 000 元

【答案】A

【解析】本题主要考查资产负债表的填列。存货 = 在途物资+原材料+周转材料+库存商品+委托加工物资+生产成本-存货跌价准备 = 300 000+100 000+60 000+240 000+50 000-50 000 = 700 000（元）。

【例 7】年终，编制年度资产负债表时，“未分配利润”项目应根据（　　）。

A．利润分配账户的余额直接填列

B．本年利润账户的余额直接填列

C．本年利润账户和投资收益账户的余额计算填列

D．利润分配和投资收益账户的余额计算填列

【答案】A

【解析】本题主要考查资产负债表的填列。未分配利润应根据本年利润和利润分配的余额计算填列，年终时，可根据利润分配账户的贷方余额直接填列。

二、计算题

【例 1】晓乐有限责任公司 2011 年 9 月 30 日，总账及有关明细账的余额如下表。

科目名称	借方	贷方	科目名称	借方	贷方
库存现金	800		短期借款		100 000
银行存款	170 000		应付票据		50 000
其他货币资金	129 200		应付账款		80 000
应收票据	22 700		其中：A 公司		90 000
应收账款	47 300		B 公司		18 000
其中：甲公司	50 300		C 公司	28 000	
乙公司		15 500	预收账款		60 000
丙公司	12 500		其中：D 公司		75 000
预付账款	80 000		E 公司	15 000	
其中：丁公司	100 000		应交税费		16 000
戊公司		20 000	应付股利		34 000
坏账准备		1000	其他应付款		4700
原材料	40 000		长期借款		90 000
材料成本差异		1600	其中：一年内到期的长期借款		30 000
生产成本	50 650		应付债券		200 000
库存商品	105 350		其中：一年内到期的应付债券		100 000
委托加工物资	8000		实收资本		500 000
周转材料	12 000		资本公积		28 000
存货跌价准备		7400	盈余公积		62 000
固定资产	500 000		本年利润		120 000
累计折旧		100 000	利润分配	79 700	

续表

科目名称	借方	贷方	科目名称	借方	贷方
固定资产减值准备		21 000			
在建工程	85 000				
工程物资	15 000				
无形资产	130 000				
合计	1 396 000	131 000	合计	79 700	1 344 700

要求：根据编制资产负债表的要求，计算以下项目的金额，货币资金、应收账款、预付账款、存货、固定资产、应付账款、预收账款、流动负债合计、所有者权益合计以及资产总计。

【答案】货币资金=800+170 000+129 200=300 000（元）

应收账款=50 300+12 500+15 000−1000=76 800（元）

预付账款=100 000+28 000=128 000（元）

存货=40 000+50 650+105 350+8000+12 000−1600−7 400=207 000（元）

固定资产=500 000−100 000−21 000=379 000（元）

应付账款=90 000+18 000+20 000=128 000（元）

预收账款=75 000+15 500=90 500（元）

流动负债合计=100 000+50 000+128 000+90 500+16 000+34 000+4700+130 000=553 200（元）

所有者权益合计=500 000+28 000+62 000+120 000−79 700=630 300（元）

资产合计=553 200+160 000+630 300=1 343 500（元）

【解析】本题主要考查资产负债表的填列。货币资金 = 库存现金+银行存款+其他货币资金，应收账款 = 各应收账款的借方明细账+预收账款的借方明细账−坏账准备，预付账款 = 预付账款的借方明细账+应付账款的借方明细账，存货 = 原材料±材料成本差异+生产成本+库存商品+委托加工物资+周转材料−存货跌价准备，固定资产 = 固定资产原值−累计折旧−固定资产减值准备，预收账款 = 预收账款的贷方明细+应收账款的贷方明细，所有者权益 = 实收资本+资本公积+盈余公积+利润分配。

【例 2】嘉华有限公司为增值税一般纳税人，企业所得税税率为 25%，没有纳税调整事项，2012 年 12 月有关损益类账户累计发生额如下。

账户名称	借方发生额	贷方发生额
主营业务收入		14 860 000
其他业务收入		200 000
投资收益	60 000	
营业外收入		530 000
主营业务成本	9 400 000	
其他业务成本	600 000	
营业税金及附加	200 000	

续表

账户名称	借方发生额	贷方发生额
销售费用	300 000	
管理费用	150 000	
财务费用	80 000	
资产减值损失	20 000	
营业外支出	2 800 000	

要求：计算以下体现在利润表中的项目金额。

（1）营业收入=

（2）营业成本=

（3）营业利润=

（4）利润总额=

（5）所得税费用=

（6）净利润=

【答案】营业收入=14 860 000+200 000=15 060 000（元）

营业成本=9 400 000+600 000=10 000 000（元）

营业利润=15 060 000−10 000 000−200 000−300 000−150 000−80 000−200 000−60 000= 4250 000（元）

利润总额=4 250 000+530 000−280 000=4 500 000（元）

所得税费用=4 500 000×25%=1 125 000（元）

净利润=4 500 000−1 125 000=3 375 000（元）

【解析】本题主要考查利润表的编制方法。营业收入应根据“主营业务收入”“其他业务收入”账户的发生额分析填列。营业成本应根据主营业务成本和其他业务成本的发生额分析填列。营业税金及附加等各项目均应按各账户的发生额分析填列。

课堂练习

一、单选题

1．应收账款明细账中若有贷方余额，应将其计入资产负债表中的（　　）。

A．应收账款　　B．预收账款

C．其他应收款　　D．预付账款

2．资产负债表中未分配利润项目，应根据（　　）填列。

A．利润分配账户余额　　B．本年利润账户余额

C．盈余公积账户余额　　D．本年利润和利润分配账户余额计算填列

3．预付账款明细账中若为贷方余额，应将其计入资产负债表中的（　　）。

A．应收账款　　B．应付账款

C．预付账款　　D．预收账款

4．下列资产负债表的（　　）项目是根据明细账余额分析计算填列。

A．应收股利　　B．短期借款

C．长期借款　　D．预收账款

5．利润表的作用是（　　）。

A．分析企业生产经营能力

B．分析企业短期或长期偿债能力

C．了解所有者权益构成情况

D．分析企业今后利润的发展趋势及获利能力

6．利润表的编制方法中反映发生额的项目是（　　）。

A．营业税金及附加　　B．净利润

C．营业利润　　D．利润总额

7．企业当期交纳的增值税为 54 000 元，当期交纳的消费税、资源税、城建税和教育费附加分别为 5000 元、8500 元、6810 元，则反映在利润表上的营业税金及附加的项目的数额应为（　　）。

A．74 910 元　　B．20 310 元

C．14 100 元　　D．54 000 元

8．某企业年末“应收账款”科目的借方余额为 600 万元，其中，“应收账款”明细科目的借方余额为 800 万元，贷方余额为 200 万元，年末计提坏账准备后与应收账款有关的“坏账准备”科目的贷方余额为 50 万元。该企业年末资产负债表中“应收账款”项目的金额为（　　）。

A．750 万元　　B．600 万元

C．550 万元　　D．950 万元

9．某企业于 2013 年 12 月 31 日结账后的“固定资产”科目余额为 1 000 000 元，“累计折旧”科目余额为 90 000 元，“固定资产减值准备”科目余额为 200 000 元。该企业 2013 年 12 月 31 日资产负债表中的“固定资产”项目金额为（　　）。

A．710 000 元　　B．610 000 元

C．800 000 元　　D．910 000 元

10．某企业 2013 年 12 月 31 日结账后的“其他应收款”科目余额为 63 000 元“坏账准备”科目中有关其他应收款计提的坏账准备为 2000 元。该企业 2013 年 12 月 31 日资产负债表中的“其他应收款”项目金额为（　　）。

A．63 000 元　　B．61 000 元　　C．800 000 元　　D．51 000 元

11．甲企业期末“原材料”科目余额为 100 万元，“生产成本”为 70 万元，“材料成本差异”科目贷方余额为 5 万元，“库存商品”科目余额为 150 万元，“工程物资”科目余额为 200 万元。则甲企业期末资产负责表中“存货”项目的金额为（　　）。

A．245 元　　B．315 元

C．325 元　　D．515 元

12．某企业 2013 年 12 月 31 日“本年利润”账户余额贷方 900 000 元，“利润分配”账

户余额为贷方 100 000 元，在资产负债表中“未分配利润”项目的金额为（　　）。

A．800 000 元　　B．1 000 000 元

C．-1 000 000 元　　D．-800 000 元

13．某企业“应付账款”科目月末贷方余额 40 000 元，其中：“应付甲公司账款”明细科目贷方余额 35 000 元，“应付乙公司账款”明细科目贷方余额 5000 元；“预付账款”科目月末贷方余额 30 000 元，其中：“预付 A 工厂账款”明细科目贷方余额 50 000 元，“预付 B 工厂账款”明细科目借方余额 20 000 元。该企业月末资产负责表中“应付账款”项目的余额为（　　）。

A．90 000 元　　B．30 000 元

C．40 000 元　　D．70 000 元

14．某企业本年初应付职工薪酬贷方余额为 150 万元，本年提取工资 3000 万元，实际发放工资 2900 万元，则年末资产负债表中“应付职工薪酬”项目的填列金额为（　　）。

A．150 万元　　B．250 万元

C．2900 万元　　D．3000 万元

15．下列不影响当期利润表中利润总额的是（　　）。

A．固定资产盘盈　　B．确认所得税费用

C．投资收益　　D．无形资产出售收益

二、计算题

1．宏大公司 2013 年 12 月 3 日，部分账户期末余额如下。

（1）固定资产 32 万元（借方）

（2）累计折旧 6 万元（贷方）

（3）固定资产减值准备 2 万元（贷方）

（4）应付账款——A 公司 7000 元（贷方）

——B 公司 2000 元（贷方）

——C 公司 3000 元（借方）

（5）预付账款——D 公司 3600 元（借方）

——E 公司 1200 元（贷方）

（6）物资采购 5500 元（借方）

（7）原材料 8300 元（借方）

（8）材料成本差异 2000 元（贷方）

（9）存货跌价准备 2500 元（贷方）

（10）低值易耗品 6000 元（借方）

（11）生产成本 7500 元（借方）

计算：（1）固定资产净额。

（2）应付账款。

（3）预付账款。

（4）存货。

2．长红公司为一般纳税企业，2014年度发生如下经济业务。

（1）以分期收款方式销售产品一批，价款为160万元，本年应收取全部价款的25%。该产品销售成本为96万元。本年应收的款项尚未收到。

（2）收到返还的教育费附加30万元，存入银行。

（3）结转固定资产净损失3万元。

（4）以银行存款支付违反税收规定罚款3万元，非公益性捐赠2万元。

（5）计提本年应负担的城建税及教育费附加2万元。

（6）本年发生广告费用10万元，计提短期借款利息1万元。

（7）销售材料一批，实际成本8万元，销售价款20万元，款项收存银行。

（8）公司本年度发生管理费用5万元，已用银行存款支付。

要求：根据以上资料编制2014年度的利润表。

利润表

编制单位：长红公司　　　　2014年度　　　　单位：万元

项目	本期金额
一、营业收入	
减：营业成本	
营业税金及附加	
销售费用	
管理费用	
财务费用	
资产减值损失	
加：公允价值变动收益	
投资收益	
项目	本期金额
二、营业利润	
加：营业外收入	
减：营业外支出	
三、利润总额	
减：所得税费用	
四、净利润	

3．某企业2014年11月30日部分账户余额见下表：

账户名称	金额		账户名称	金额	
	借或贷	金额		借或贷	金额
库存现金	借	1200	库存商品	借	127 000
银行存款	借	124 900	分期收款发出商品	借	80 000
其他货币资金	借	11 900	存货跌价准备	贷	11 000
应收账款	借	32 800	固定资产	借	220 000
其中：甲公司	借	35 600	累计折旧	贷	100 000
乙公司	贷	32 800	应交税费	借	12 000
预付账款	借	22 300	应付账款	贷	141 600
其中：A公司	借	30 000	其中：丙公司	贷	150 000
B公司	贷	7700	丁公司	借	8400
物资采购	借	11 500	预收账款	贷	132 000
原材料	借	123 000	其中：C公司	贷	100 000
材料成本差异	贷	3200	D公司	贷	35 000
生产成本	借	156 000	E公司	借	3000
利润分配	借	100 000	本年利润	贷	258 000

根据上表列式计算该企业2014年11月30日资产负债表中下列项目的期末数。

（1）货币资金；

（2）应收账款；

（3）预付账款；

（4）存货；

（5）固定资产；

（6）应付账款；

（7）预收账款；

（8）未分配利润。

企业财务会计综合测试题一

（试卷总分 100 分，时间 90 分钟）

班级：____________姓名：____________得分：____________

一、选择题（每题 2 分，共 50 分）

1．企业将款项委托开户银行汇往采购地银行，开立采购专户，应借记（　　）。

A．其他货币资金　　B．银行存款

C．物资采购　　D．其他应收款

2．现金清查的结果，在批准之前，应通过的核算账户是（　　）。

A．营业外收入　　B．营业外支出

C．管理费用　　D．待处理财产损溢

3．企业采用总价法核算时，客户在折扣期内享受的现金折扣，销售企业将其确认为当期的（　　）。

A．管理费用　　B．财务费用　　C．销售费用　　D．营业外支出

4．因债务人逾期未履行偿债义务超过（　　）年，经核查确实无法收回，应确认为坏账损失。

A．3 年　　B．4 年　　C．2 年　　D．5 年

5．如果企业在 1 月 16 日销售商品 1000 件，单价 20 元，给予 10%的商业折扣，增值税税率为 17%，代垫包装费 200 元，代垫运杂费 300 元，付款条件为：2/10，1/20，n/30，且客户已于 2 月 5 日按条件付款，按照现行制度，企业在 1 月 16 日应贷记“主营业务收入”（　　）。

A．18 000 元　　B．18 130 元　　C．18 315 元　　D．18 500 元

6．对未获支付的商业汇票，企业应作的账务处理是（　　）。

A．借：坏账准备
　　贷：应收票据

B．借：其他应收款
　　贷：应收票据

C．借：应收账款
　　贷：应收票据

D．借：管理费用
　　贷：应收票据

7．12 月 16 日，某公司将一张 11 月 16 日签发的 90 天到期的商业汇票到银行办理贴现手续，贴现天数是（　　）。

A．59 天　　B．60 天　　C．61 天　　D．62 天

8．预付账款不多的企业，可以不设“预付账款”账户，将预付的款项计入（　　）。

A．“应付账款”的借方　　B．“应付账款”的贷方

C．“应收账款”的借方　　D．“应收账款”的贷方

9．备用金通过（　　）账户核算。

A．应收账款　　B．预收账款　　C．其他应收款　　D．应收票据

10．“坏账准备”科目在期末结账前如为借方余额，反映的内容是（　　）。

A．提取的坏账准备

B．已经发生的坏账损失

C．收回以前已经确认并转销的坏账损失

D．已确认的坏账损失超出坏账准备的余额

11．下列不属于企业存货的是（　　）。

A．原材料　　B．包装物　　C．自制半成品　　D．机器设备

12．外购材料入库应填制（　　）。

A．库存商品入库单　　B．领料单

C．收料单　　D．退料单

13．某厂为一般纳税人，购入材料一批，价款 100 000 元，增值税 17 000 元，应负担的运杂费 3000 元，采购员差旅费 2000 元，则该批材料的采购成本是（　　）元。

A．120 000　　B．122 000　　C．105 000　　D．103 000

14．某企业月初库存材料为 100 吨，单价为 1400 元，本月购进两批材料，第一次为 300 吨，单价 1600 元，第二次为 100 吨，单价为 1500 元，则月底加权平均单价为（　　）元。

A．1543　　B．1640　　C．1540　　D．1535

15．存货发出平时只登记发出数量，月末才计算发出金额的方法是（　　）。

A．先进先出法　　B．后进先出法

C．加权平均法　　D．移动平均法

16．甲工业企业为增值税一般纳税人，适用增值税率为 17%，本期购入原材料 100 公斤，价款为 57 000 元（不含增值税），验收入库时发现短缺 5%，经查属于运输途中合理损耗，该批原材料入库前的挑选整理费用为 380 元。该批原材料实际单位成本每公斤（　　）。

A．545.3 元　　B．573.8 元　　C．604 元　　D．706 元

17．企业对随同商品出售而不单独计价的包装物进行会计处理时，该包装物的实际成本应结转到（　　）。

A．“制造费用”　　B．“销售费用”

C．“管理费用”　　D．“其他业务成本”

18．某公司以 40 000 元的价格出售一项专利权，该专利权为 2 年前购入的，取得时的实际成本为 60 000 元，摊销期限为 10 年，假定不考虑城市维护建设税和教育费附加，则该业务对当期损益的影响是（　　）。

A．减少 8000 元　　B．增加 10 000 元

C．减少 1000 元　　D．增加 9000 元

19．甲企业 2013 年 6 月 30 日购入一项固定资产，原价为 200 万元，预计使用年限为 5 年，净残值为 0.8 万元，采用双倍余额递减法计提折旧，2014 年度该项固定资产应计提的年折旧额为（　　）。

A．64 万元　　B．48 万元　　C．79.68 万元　　D．72 万元

20．下列税金应记入“管理费用”核算的是（　　）。

A．房产税　　B．所得税　　C．增值税　　D．消费税

21．应付银行承兑汇票到期，如企业无力支付票款，按应付票据的账面余额，借记“应付票据”科目，贷记的科目是（　　）。

A．应付账款　　B．短期借款　　C．其他应付款　　D．资本公积

22．某企业年初未分配利润为 100 万元，本年净利润为 1000 万元，按 10%计提法定盈余公积，按 5%计提任意盈余公积，宣告发放现金股利为 80 万元，该企业年末未分配利润为（　　）万元。

A．870　　B．867　　C．855　　D．874

23．下列不会影响企业各基本生产车间产品的成本的是（　　）。

A．制造费用　　B．辅助车间提供产品

C．直接人工　　D．生产经营借款利息

24．某企业 2011 年 10 月承接一项设备安装劳务，劳务合同总收入为 200 万元，预计合同总成本为 140 万元，合同价款在签订合同时已收取，采用完工百分比确认劳务收入。2011 年已确认劳务收入 80 万元，截止 2012 年 12 月 31 日，该劳务的累计完工进度为 60%。2012 年该企业应确认的劳务收入为（　　）。

A．40 万元　　B．36 万元　　C．72 万元　　D．120 万元

25．某企业期末“工程物资”科目的余额为 100 万元，“分期收款发出商品”科目余额为 50 万元，“原材料”科目的余额为 60 万元，“材料成本差异”科目贷方余额 5 万元，假设不考虑其他，则资产负债表中“存货”项目的期末数位为（　　）万元。

A．105　　B．115　　C．205　　D．215

二、计算题（共 20 分）

1．某企业为增值税一般纳税人，该企业采用计划成本进行原材料的核算，有关资料如下。

（1）6 月 1 日，原材料期初计划成本为 160 000 元，材料成本差异的贷方余额为 7000 元。

（2）6 月 8 日，购入原材料一批，买价为 160 000 元，增值税为 27 200 元，支付运杂费 3800 元，有关款项已通过银行支付，该材料的计划成本为 160 000 元，材料已验收入库。

（3）6 月 30 日，生产产品领用 230 000 元。

要求：根据以上资料计算下列内容。

（1）计算 6 月份的材料成本差异率。

（2）计算发出材料负担的差别差异。

（3）计算发出材料的实际成本。

（4）计算库存材料的实际成本。

（5）计算材料成本差异的期末余额。

2．某公司为一般纳税人，2011 年 6 月购进生产用设备一台，买价 490 000 元，取得增值税专用发票，发生运杂费 10 000 元（不考虑增值税），已投入使用，预计可使用 5 年，预计净残值为 20 000 元。经批准采用双倍余额递减法计提折旧。

要求：计算固定资产 2011 年与 2012 年的折旧额。

三、业务题（除“应交税费”必须写出明细账户外，其他不做要求。共 30 分）

1.（9 分）嘉瑞公司为增值税一般纳税人，增值税税率为 17%。2012 年有关商业汇票的经济业务如下。

（1）5 月 31 日，销售商品一批，含税价为 234 000 元，收到康欣公司交来签发的金额为 234 000 元的带息商业汇票一张，承兑期为 5 个月，票面利率为 6%；

（2）7 月 31 日，嘉瑞公司持商业汇票向银行申请贴现，不带追索权，年贴现率为 7.2%，当日取得贴现额，存入银行。

要求：

（1）计算票据到期值、贴现利息、贴现金额。

（2）根据以上业务编制有关嘉瑞公司销售商品、按月计算票据利息、票据贴现的会计分录。

2.（11 分）嘉泰公司为生产某应税消费品的一般纳税人，增值税税率 17%，消费税税率为 5%，2014 年 12 月份发生如下部分经济业务。

（1）本月应税消费品的销售收入为 900 000 元，计算并结转本月应缴的消费税额；

（2）将企业生产的应税消费品用于在建工程，该应税消费品的不含税售价为 80 000 元，成本为 50 000 元；

（3）委托康辰公司加工一批应税消费品，发出 C 材料成本为 85 000 元；

（4）以银行存款支付康辰公司的加工费和消费税（该应税消费品无同类销售价格）。取得的增值税专用发票上注明的加工费为 10 000 元，增值税为 1700 元；该批委托加工物资收回后全部用于连续生产应税消费品。

（5）加工完成后，收回该批委托加工的应税消费品，作为本公司的D材料。

要求：根据以上资料编制嘉泰公司有关的会计分录。

3.（10分）甲公司于2013年12月1日接受一项设备安装任务，安装期为3个月，合同总收入350 000元，至年底已预收安装费200 000元，实际发生安装费50 000元（假定均为安装人员薪酬），估计还会发生30 000元，假定甲公司按实际发生的成本占估计总成本的比例确定劳务的完工进度，不考虑其他因素。

要求：（1）计算2013年末劳务完成进度、年末应确认的收入与费用。

（2）做出甲公司的相关账务处理。

企业财务会计综合测试题二

（试卷总分 100 分，时间 90 分钟）

班级：_____________姓名：_____________得分：_____________

一、选择题（每题 2 分，共 50 分）

1．企业只在期末计算发出存货的成本，其计价方法是（　　）。

A．先进先出法　　B．个别计价法

C．加权平均法　　D．移动平均法

2．企业销售不动产按税法规定需计算交纳的营业税应计入（　　）。

A．固定资产清理　　B．营业外支出

C．其他业务成本　　D．管理费用

3．一张面额为 100 000 元的商业承兑汇票，出票日为 4 月 5 日，期限为 60 天，则到期日为（　　）。

A．6 月 4 日　　B．6 月 5 日　　C．6 月 3 日　　D．6 月 6 日

4．甲企业于 2014 年 9 月 1 日销售一批商品给乙企业，应收账款 300 000 元（假定不考虑增值税），规定的付款条件为 2/10，1/20，n/30；乙企业于 2011 年 9 月 8 日付款，乙企业实际享受的现金折扣为（　　）。

A．6000 元　　B．3000 元　　C．5000 元　　D．2000 元

5．某公司 2012 年末应收账款余额为 1000 万元，提取前“坏账准备”余额为 0；2013 年确认坏账损失为 10 万元，年末应收账款余额为 1200 万元；2014 年收回坏账 4 万元，年末应收账款余额为 800 万元。坏账准备提取比例为 1%，该公司 2014 年年末应计提的坏账准备为（　　）。

A．8 万元　　B．-8 万元　　C．24 万元　　D．-24 万元

6．A 企业为水果加工企业（一般纳税人），现向当地农民购入水果 20 000 公斤，价款 20 000 元，挑选整理费 1 602 元，合理损耗 200 公斤。则该批水果的单位成本为（　　）。

A．0.98 元　　B．0.96 元　　C．1 元　　D．0.99 元

7．甲公司为增值税一般纳税人，甲公司委托乙公司（增值税一般纳税人）代为加工一批属于应税消费品的原材料，该批委托加工原材料收回后用于继续加工应税消费品。发出原材料实际成本为 920 万元，支付的不含增值税的加工费为 100 万元，增值税额为 17 万元，乙公司代扣的消费税额为 90 万元。该批委托加工原材料已验收入库，其实际成本为（　　）。

A．1020 万元　　B．1110 万元

C．920 万元　　D．1127 万元

8．甲企业为增值税一般纳税企业，购入乙材料 300 千克，增值税专用发票上注明的售价为每千克 140 元，增值税额为 7140 元，另发生运输费用 2000 元（取得增值税普通发票），装卸费用 1300 元，途中保险费用 900 元。原材料运抵企业后，验收入库材料为 297 千克，运输途中发生的合理损耗 3 千克。该原材料的入账价值是（　　）。

A．46 060 元　　B．46 200 元

C．45 640 元　　D．45 780 元

9．某企业购入一台需要安装的设备，取得的增值税发票上注明的设备买价为 50 000 元，增值税额为 8500 元，支付的运杂费为 1500 元，设备安装时领用工程用材料价值 1000 元（不含税），购进该批工程用材料的增值税为 170 元，设备安装时支付有关人员工资 2000 元。该固定资产的成本为（　　）。

A．54 500 元　　B．58 500 元

C．631 700 元　　D．63 000 元

10．某设备账面原价为 80 000 元，预计使用年限为 5 年，预计净残值为 4 000 元，按年数总和法计提折旧。该设备在第 4 年应计提的折旧额为（　　）。

A．10 133 元　　B．32 000 元　　C．30 400 元　　D．20 267 元

11．由于大修理等原因暂时停止使用的固定资产属于（　　）。

A．封存的固定资产　　B．使用中的固定资产

C．未使用的固定资产　　D．不需用固定资产

12．企业转让无形资产使用权，对其收取的使用费收入应计入的账户是（　　）。

A．主营业务收入　　B．其他业务收入

C．营业外收入　　D．投资收益

13．当无形资产预期不能为企业带来经济利益时，应当将该项无形资产的账面价值全部转入（　　）。

A．“销售费用”账户　　B．“累计摊销”账户

C．“管理费用”账户　　D．“营业外支出”账户

14．某企业出售一项 3 年前取得的专利权，该专利取得时的成本为 40 万元，按 10 年摊销，出售时取得收入 80 万元，则出售该项专利时发生的损益为（　　）。

A．52 万元　　B．48 万元　　C．30 万元　　D．32 万元

15．企业在规定的现金折扣期同享受的付款折扣应（　　）。

A．增加进货成本　　B．减少进货成本

C．作为理财损失　　D．作为理财收益

16．编制工资发放付款凭证和分配工资转账凭证的重要依据是（　　）。

A．工时记录　　B．工资汇总表

C．工资单　　D．产量记录

17．某企业（小规模纳税企业）出售应税消费品一批，取得含增值税价款 20 600 元，该消费品适用的消费税税率为 10%，应记入“应交税费——应交消费税”账户贷方的金额为（　　）。

A．2120 元　　B．2000 元　　C．2060 元　　D．600 元

18．每月固定按 21.75 天计算日工资率时，缺勤期间的节假日（　　）。

A．按缺勤日扣工资　　B．按出勤日算工资

C．不算出勤，不发工资　　D．不算缺勤，不扣工资

19．某企业年初未分配利润为 20 000 元，当年净利润为 40 000 元，该企业按净利润的 15%提取法定盈余公积，按净利润的 5%提取法定公益金。则该企业可供投资者分配的利润为（　　）。

A．32 000 元　　B．60 000 元　　C．52 000 元　　D．40 000 元

20．企业用盈余公积补亏的会计处理为：借记"盈余公积"，贷记（　　）。

A．利润分配——提取盈余公积　　B．利润分配——盈余公积补亏

C．利润分配——其他转入　　D．本年利润

21．下列各项中，企业不确认为无形资产的是（　　）。

A．吸收投资取得的土地使用权

B．因转让土地使用权补交的土地出让金

C．无偿划拨取得的土地使用权

D．自行开发并按法律程序申请取得的无形资产

22．对于劳务的开始和完成分属不同会计期间的劳务收入，在提供劳务交易的结果能够可靠估计的情况下，下列收入确认中正确的是（　　）。

A．按完工百分比法确认收入　　B．按完成合同确认收入

C．按收款情况确认收入　　D．按实际发生的成本确认收入

23．A 和 B 为增值税一般纳税人企业，2014 年 12 月 1 日双方签订代销协议：A 企业委托 B 企业按购入每件产品 2000 元（不含增值税）的价格对外销售不得加价，A 按不含税售价的 5%支付 B 企业手续费，A 企业发给 B 企业该产品 50 件。2014 年 12 月 31 日 A 收到 B 交来的代销清单及价税款，代销清单表明 B 已销售产品 30 件。2014 年 12 月 A 企业该项业务应确认的营业收入是（　　）。

A．100 000 元　　B．95 000 元　　C．60 000 元　　D．57 000 元

24．"应收账款"总账借方科目余额 12 000 万元，其明细账借方余额合计 17 000 万元，贷方明细账余额合计 5000 万元；"预收账款"总账贷方科目余额 15 000 万元，其明细账贷方余额合计 29 000 万元，借方明细账余额合计 14 000 万元，资产负债表中"预收账款"项目填列金额为（　　）。

A．34 000 万元　　B．29 000 万元　　C．15 000 万元　　D．27 000 万元

25．应付账款"总账贷方科目余额 90 000 万元，其明细账贷方余额合计 110 000 万元，借方明细账余额合计 20 000 万元；"预付账款"总账借方科目余额 50 000 万元，其明细账借方余额合计 60 000 万元，贷方明细账余额合计 10 000 万元，资产负债表中"预付账款"项目填列金额为（　　）。

A．90 000 万元　　B．120 000 万元　　C．140 000 万元　　D．80 000 万元

二、计算题（共10分）

某企业A产品经过两道工序加工完成。A产品耗用的原材料在开始生产时一次投入。生产成本在完工产成品之间分配采用约当产量比例法。2007年8月A产品有关的资料如下。

本月完工产品 140 件。月末在产品数量及完工程序为：第一道工序 50 件，本工序在产品完工程序相当于完工产成品率的 50%；第二道工序 60 件，本工序在产品完工程序相当于完工产成品的75%，要求：

①编制本月A产品各工序约当产量计算表（表1，不需列出计算过程）。

②编制本月A产品的成本计算单（表2，不需列出计算过程）。

表1 产量计算表

工序	月末在产品数量	在产品完工程度	约当产量
1			
2			
合计			

表2 产品成本计算单

成本项目	月初在产品成本	本月生产成本	生产成本合计	完工产品	月末在产品成本
直接材料	24 000	54 000			
直接人工	18 000	33 000			
制造费用	8000	13 000			
合计	50 000	100 000			

三、业务题（共40分）

1. 长江公司为家电生产企业，共有职工 310 人，其中生产工人 200 人，车间管理人员15 人，行政管理人员 20 人，销售人员 15 人，在建工程人员 60 人。长江公司适用的增值税税率为17%。2013年12月份发生如下经济业务。

（1）本月应付职工资总额为380万元，工资费用分配汇总表中列示的产品生产工人工资为200万元，车间管理人员工资为30万元，企业行政管理人员工资为50万元，销售人员工资40万元，在建工程人员工资60万元；

（2）下设的职工食堂享受企业提供的补贴，本月领用自产产品一批，该产品的账面价值为8万元，市场价格为10万元（不含增值税）；

（3）以自己生产的某电暖气发给公司每名职工，每台成本为800元，市价为每台1000元；

（4）为总部部门经理以上职工提供汽车免费使用，为副总裁以上高级管理人员每人租赁一套住房。长江公司现有总部部门经理以上职工共 10 人，假定所提供汽车每月计提折旧 2万元；现有副总裁以上职工3人，所提供住房每月的租金2万元。

（5）用银行存款支付副总裁以上职工住房租金2万元。

（6）结算本月应付职工工资总额 380 万元，代扣企业已垫付的职工房租 10 万元，企业代垫职工家属医药费2万元，代扣个人所得税20万元，余款用银行存款支付。

（7）上交个人所得税20万元。

（8）下设的职工食堂维修领用原材料 5 万元，其购入时支付的增值税 0.85 万元。

要求：编制上述业务的会计分录。（10 分）

2. 甲公司于 2014 年 10 月 1 日为某公司研制开发 A 产品，合同规定的研制开发期为 5 个月，合同总收入 40 万元，至 2012 年 12 月 31 日已发生费用 18 万元（假定均用银行存款支付），预收研制开发款 30 万元。预计整个研制开发工程完工的总成本为 30 万元。至 2012 年 12 月 31 日，经专业测量师测量研制开发工作的完工程度为 65%。该公司按专业测量师测量的研制开发工作的完工程度确定该劳务的完成程度。

要求：（1）编制甲企业预收研制开发款与支付研制开发费用的会计分录。

（2）确定 2012 年的劳务收入与成本，并编制有关会计分录。（金额单位为万元）（10 分）

3. 甲公司为增值税一般纳税人，适用的增值税税率为 17%。原材料和库存商品均按实际成本核算，商品售价不含增值税，其销售成本随销售同时结转。2014 年 1 月 1 日资产负债表（简表）资料如下（表 3）。

表 3　资产负债表（简表）

编制单位：甲公司　　2014 年 1 月 1 日　　金额单位：万元

资产	年初余额	负债及所有者权益	年初余额
货币资金	320.40	短期借款	200
交易性资产		应付账款	84
应收票据	24	应付票据	40
应收账款	159.20	预收账款	60
预付账款	0.16	应付职工薪酬	4
存货	368	应交税费	9.60
长期股权投资	480	应付利息	40
固定资产	1442	长期借款	1008
在建工程	100	实收资本	1600
无形资产	204	盈余公积	96
长期待摊费用	50	未分配利润	6.16
资产总计	3147.76	负债及所有者权益总计	3147.76

2014 年甲上市公司发生如下交易或事项。

（1）以商业承兑汇票支付方式购入材料一批，发票账单已经收到，增值税专用发票上注明的货款为30万元，增值税额为5.1万元。材料已验收入库。

（2）确认短期贷款利息5万元；确认坏账准备8万元。

（3）计提行政管理部门用固定资产折旧20万元；摊销管理用无形资产成本10万元。

（4）销售库存商品一批，该批商品售价为100万元，增值税为17万元，实际成本为65万元，商品已发出。甲公司已于上年预收货款60万元，其余款项尚未结清。

（5）分配工资费用，其中企业行政管理人员工资15万元，在建工程人员工资5万元。

（6）计提应计入在建工程成本的长期借款利息20万元。

（7）企业债券利息收入50万元。

（8）计算并确认应交城市维护建设税3万元(教育费附加略)。

（9）转销无法支付的应付账款30万元。

（10）本年度实现利润总额54万元，所得税费用和应交所得税均为18万元（不考虑其他因素）；提取盈余公积3.6万元。

要求：（1）编制甲公司2014年度上述业务的会计分录。（10分）

（2）填列甲公司2014年12月31日的资产负债表（表4）。（10分）

表4　资产负债表（简表）

编制单位：甲公司　　　　2014年12月31日　　　　金额单位：万元

资产	年末余额	负债及所有者权益	年末余额
货币资金		短期借款	
交易性资产		应付账款	
应收票据		应付票据	
应收账款		预收账款	
预付账款		应付职工薪酬	
存货		应交税费	
长期股权投资		应付利息	
固定资产		长期借款	
在建工程		实收资本	
无形资产		盈余公积	
长期待摊费用		未分配利润	
资产总计		负债及所有者权益总计	